LIDERAZGO EN FEMENINO

Xavier Pladevall

LIDERAZGO EN FEMENINO

©Xavier Pladevall

De esta edición

© Seurat ediciones
http://www.seuratediciones.es
info@seuratediciones.es

ISBN-13: 978-84-128975-4-8

Depósito Legal: M-11348-2025

ÍNDICE

PRÓLOGO

El concepto de Liderazgo en Femenino surgió cuando reflexionaba sobre cómo diferentes generaciones interactúan en el trabajo y en la sociedad durante la pandemia del COVID-19. Con más de tres décadas de experiencia en gestión del cambio y cultura organizacional, me sorprendió la convivencia de cinco generaciones diferentes. Esta diversidad generacional planteaba desafíos que no podía ignorar. ¿Cómo era posible que, a pesar del paso del tiempo, las necesidades y expectativas generacionales siguieran desalineadas? Esta pregunta me motivó a investigar más a fondo la dinámica social y laboral de nuestra época.

En el pasado, las diferencias generacionales eran menos evidentes y más fluidas. Existía una mayor cohesión en cuanto a los valores, independientemente de la edad. Ya tuvieran 30 o 50 años, había una serie de valores compartidos que atravesaban las distintas edades, creando un consenso generacional.

Sin embargo, a medida que avanzaba en mi carrera profesional, comencé a notar un cambio significativo. Las nuevas generaciones traían consigo valores y puntos de vista muy diferentes a los de las generaciones anteriores. El ritmo del cambio era evidente, desafiando lo

7

que había aprendido y experimentado hasta entonces. Me di cuenta de que estábamos entrando en un nuevo terreno, donde las reglas del juego estaban cambiando rápidamente y la comprensión mutua entre generaciones se volvía más compleja cada día.

Recuerdo las palabras de mi abuelo cuando yo era joven: "Te conseguiré una cita con el director del banco; ese trabajo te dará estabilidad para toda la vida". En aquel entonces, mientras él me transmitía esta idea, yo cuestionaba si permanecer en un mismo trabajo durante toda la vida era algo positivo, ya que lo veía como algo monótono y poco estimulante.

Detrás de esos valores se encontraba una palabra mágica: seguridad. La idea de un salario estable y creciente, de progreso continuo. Para mi abuelo y para todas las empresas, esto significaba seguridad económica y laboral. A cambio, se esperaba esfuerzo, compromiso y lealtad hacia la empresa. Era una identificación profunda con la organización.

Estos valores eran compartidos por generaciones distintas. Todos aspiraban a ese mismo horizonte: estar bien y mejorar continuamente, ser reconocidos y promovidos, tener estabilidad laboral y seguridad financiera. Eran los principios fundamentales que atravesaban todas las generaciones.

Sin embargo, en mi trabajo como asesor de organizaciones, noto una notable falta de compromiso y una alta rotación de talento. Aquellos que optan por permanecer en las empresas son vistos como "los malos", ya que parecen carecer de interés para otras empresas.

Por eso, decidí adentrarme en un análisis detallado para comprender las razones detrás de estas tendencias. Uno de los libros que más me inspiró fue "La Brújula Interior" de Álex Rovira. En él, se destacaba que el éxito surge de conocer nuestra dirección, de mirar hacia adentro, de hacer una introspección y, en última instancia, de apostar y trabajar duro. Porque el éxito es una consecuencia directa de nuestras acciones. Todos lamentamos las situaciones adversas, pero al final del día, cosechamos lo que sembramos, y si no sembramos, no podemos esperar cosechar nada.

Otro libro que me influyó significativamente fue "Cuídalos o piérdelos: Haz que los Mejores Trabajen Contigo" de Sharon Jordans-Evans y Beverly Kaye. El mensaje fundamental del libro es claro: debemos valorar y cuidar nuestro talento, o de lo contrario lo perderemos. Este concepto me impulsó a analizar más a fondo por qué estas situaciones estaban pasando realmente. La variedad de realidades que observaba era abrumadora, lo que me llevó a buscar una solución.

Aprovechando mi posición privilegiada en la Asociación de Profesionales para el Desarrollo Organizacional (APDO), una de las dos asociaciones sin ánimo de lucro dentro de la EADA Business School de la que yo era vicepresidente en ese momento, le propuse al

Instituto de Intangibles colaborar para llevar a cabo un estudio. La idea era generar evidencia empírica mediante la investigación de una serie de empresas, tanto de clientes míos como de EADA.

El estudio se inició en la época del COVID e involucró a 36 participantes durante un año y medio, centrándose principalmente en los sectores de servicios e industria. Se examinaron alrededor de 2.000 empresas, cada una con una plantilla de entre 50 a 450 empleados, y se realizaron entrevistas a un total de 22.000 trabajadores de diversos niveles jerárquicos.

Después de un año y medio de estudio, obtuvimos conclusiones preliminares en el primer año. Para asegurarnos de su veracidad, durante el siguiente medio año nos dirigimos a las empresas y contrastamos estas conclusiones. No satisfechos con simplemente aceptar lo que se nos dijo, decidimos llevar a cabo una prueba piloto. Seleccionamos diez microsectores de actividad y elegimos dos empresas de cada uno: una dirigida por hombres y otra por mujeres. El objetivo era comprender mejor las prácticas y enfoques de gestión en cada contexto.

Cuando revisamos los resultados del estudio, notamos algo interesante: las empresas lideradas por mujeres tenían un desempeño mejor. Sin embargo, el objetivo del proyecto era entender cómo se lideraba en las empresas y, al ver estos resultados, mi idea era sugerir que invirtieran en un estilo de liderazgo transformacional, sin necesidad de enfocarse específicamente en el liderazgo femenino. La conexión entre liderazgo y género surgió de forma inesperada.

Los hallazgos del estudio revelaron que de las 20 empresas analizadas, las diez que administraban los recursos de manera más eficiente eran también las que obtenían los mejores resultados. Dentro de estas diez, ocho estaban lideradas por mujeres, mientras que solo dos estaban lideradas por hombres.

Así que descubrí la importancia del liderazgo en femenino casi por casualidad. Al principio, investigué para respaldar mis sugerencias a los clientes sobre la inversión en liderazgo transformacional con base empírica. A medida que profundizábamos en el análisis del liderazgo, nos dimos cuenta que las empresas lideradas por mujeres tendían a obtener mejores resultados. Esto cambió completamente nuestra forma de entender el impacto del liderazgo en femenino en el éxito empresarial.

Analizando detenidamente las acciones, los métodos y los motivos que guían el liderazgo en femenino, hemos desarrollado un método único: el liderazgo transformacional en femenino. En este libro, exploraremos en detalle qué implica este enfoque de liderazgo, cómo se diferencia de otros y por qué es tan poderoso en el mundo empresarial actual. A través de ejemplos, investigaciones y experiencias reales, descubriremos los secretos y las fortalezas del liderazgo en femenino, y cómo puede inspirar y transformar no solo a las organizaciones, sino también a la sociedad en su conjunto.

Para concluir, quiero decir que en el mundo del liderazgo, lo importante no es el género ni el sexo, sino el talento. Este libro está aquí para mostrar el poder del liderazgo femenino y recordarnos que el talento y la habilidad no dependen del género. Al leer estas páginas, recordemos siempre que lo que realmente importa es la capacidad de inspirar, guiar y transformar, sin importar quién lo haga. Cada historia y cada lección nos anima a confiar en nuestro potencial y a saber que podemos lograr grandes cosas. El futuro es de quienes se atreven a dar un paso al frente, a desafiar lo establecido y a liderar con pasión y confianza. ¡El mundo necesita tu talento y tu voz!

Parte I

CINCO CONCEPTOS ESENCIALES

CAPÍTULO 1
EMPATÍA

Cuando tomamos tiempo para escuchar y comprender a nuestros colaboradores, podemos abordar problemas antes de que se conviertan en obstáculos insalvables.

**Àngels Miró, directora general de
Persona Service**

El liderazgo ha evolucionado a lo largo de la historia, adaptándose a diversos contextos, culturas y desafíos, siempre transformándose para responder a las necesidades de cada época. Cada líder, hombre o mujer, aporta su perspectiva única y valiosa, con cualidades distintivas en cada situación.

Con el tiempo, la diversidad y la inclusión se han vuelto valores fundamentales. Las mujeres han comenzado a asumir roles de liderazgo con mayor frecuencia. Un rasgo destacado del liderazgo femenino es la empatía.

La gran diferencia revelada en el estudio mencionado en el prólogo es la empatía. A lo largo de la historia, algunas corrientes del liderazgo han privilegiado estilos más jerárquicos y autoritarios, a menudo asociados con el modelo de liderazgo tradicionalmente masculino. Sin embargo, las nuevas tendencias favorecen el liderazgo femenino, ya que se enfocan en las emociones, que tradicionalmente los hombres han reprimido. Mostrar empatía y sentimientos puede hacer que los hombres parezcan frágiles, según una visión mal entendida de la masculinidad. La empatía, una cualidad a menudo vinculada al liderazgo femenino, se manifiesta en un interés genuino por comprender las emociones y necesidades del equipo. La empatía es, por tanto, el gran factor diferencial entre el liderazgo masculino y femenino.

El estudio revela que intentar avanzar rápidamente no garantiza el éxito, y mucho menos de manera inmediata. En contraste, el enfoque empático, a menudo asociado con las mujeres, aunque más pausado, tiende a ser más seguro y estable. El liderazgo femenino ha ganado fuerza cuando todas las personas, sin distinción de género, tienen la oportunidad de expresar su empatía hacia los demás, ya sea en sus equipos de trabajo o en el entorno organizacional.

Liderar a través de la consulta, la participación y el diálogo sistemático proporciona a los líderes la información necesaria para resolver conflictos y gestionar el cambio emocional en las organizaciones. Este capítulo explora cómo la empatía se ha convertido en una herramienta poderosa para las líderes femeninas, impactando positivamente en sus equipos y organizaciones.

Veremos cómo la empatía marca la diferencia y cómo las líderes femeninas la utilizan para comprender y conectar emocionalmente con sus equipos.

La empatía de las líderes puede generar un efecto multiplicador si logran que cada miembro del equipo también sea empático. Esto fomentará ambientes de trabajo más colaborativos y solidarios, construyendo relaciones más fuertes y armoniosas. Además, la investigación indica que esto promueve la lealtad de los empleados y retiene el talento.

El estudio realizado destaca los siguientes puntos:

Rompiendo el techo de cristal: En el siglo XXI, la percepción y aceptación del liderazgo femenino ha cambiado significativamente. Las mujeres han demostrado su capacidad para liderar no solo en empresas de servicios, sino también en industrias y organizaciones gubernamentales. La empatía de algunos hombres ha permitido a las mujeres romper estos techos de cristal.

Compartiendo emociones: La empatía en este siglo implica comprender y compartir sentimientos, no solo escuchar. Es la habilidad de ponerse en el lugar del otro, entender sus pensamientos y emociones, y el contexto detrás de ellos. Como decía Eduard Punset: "Es muy probable que las mejores decisiones no sean fruto de una reflexión del cerebro sino del resultado de una emoción".

Fomentando la colaboración: La empatía del liderazgo femenino promueve la colaboración y el trabajo en equipo. Las líderes empáticas crean un ambiente donde los miembros se sienten valorados y escuchados, impulsando así la creatividad y la innovación.

Gestionando conflictos: Las líderes femeninas pueden mediar eficazmente en disputas al comprender las perspectivas de cada miembro del equipo. Esto les permite ser más estratégicas en la resolución de conflictos, identificando los momentos oportunos para abordar los problemas.

Liderazgo auténtico y humano: Las líderes femeninas, con su capacidad natural de conectarse emocionalmente, están promoviendo organizaciones más inclusivas y solidarias. Àngels Miró, directora general de Persona Service, me dijo una vez algo que me marcó mucho y que va muy acorde con este quinto punto: "Cuando tomamos tiempo para escuchar y comprender a nuestros colaboradores, podemos abordar problemas antes de que se conviertan en obstáculos insalvables. La empatía nos permite anticiparnos a las necesidades de nuestro equipo y tomar medidas proactivas para apoyarlos. De esta manera, no solo minimizamos el riesgo de tensiones, sino que humanizamos a nuestra organización al entender a la persona y su contexto".

Superando obstáculos: Las líderes femeninas mantienen una tensión positiva y creativa en sus equipos, preparándolos para afrontar problemas con mayor naturalidad. La empatía les permite entender y empoderar a su equipo, dándoles autonomía en su gestión diaria.

Sensibilidad y anticipación: La sensibilidad de las líderes les permite detectar señales de tensión o insatisfacción antes de que se conviertan en problemas graves. Al comprender las necesidades individuales de los colaboradores, pueden adaptar su liderazgo para mejorar el rendimiento y la satisfacción laboral.

Liderar desde el corazón: Las líderes femeninas no temen mostrar sus emociones, creando un ambiente donde los empleados se sienten valorados y respetados. Esta autenticidad aumenta la lealtad y el compromiso del equipo. Miriam Rendón, directora general del grupo Excelencias me comentaba en mi última visita a Cuba que "la empatía en nuestra compañía nos permite comprender no solo las habilidades y capacidades de nuestro equipo, sino también sus expectativas, sus sueños y desafíos personales. Cuando nuestros líderes muestran un interés genuino en el bienestar de nuestros empleados, se crea un vínculo que trasciende a las jerarquías".

Superación constante: Las líderes femeninas enfrentan desafíos adicionales al ser constantemente evaluadas en un mundo empresarial dominado por hombres. A pesar de ponerse en el lugar de los demás, a menudo sienten la soledad del liderazgo, ya que pocos se ponen en su piel.

En resumen, el estudio muestra que las líderes femeninas tienen una mayor disposición para comprender y conectar emocionalmente con su equipo. La empatía no solo guía equipos, sino que tiene el poder de transformar organizaciones y dejar una huella profunda en la sociedad. Las líderes femeninas están moldeando un mundo empresarial más humano, equitativo e inclusivo, con la empatía como factor decisivo para el éxito del liderazgo en el siglo XXI.

CAPÍTULO 2
COMUNICACIÓN

*Mi objetivo es crear un ambiente en el que todos se sientan co-
partícipes de la toma de decisiones donde todos se sientan cómodos
compartiendo sus ideas y preocupaciones.*

**Sonia Moriana, directora de Recursos Humanos
del Grupo Jordan**

Las necesidades de los trabajadores se han modificado
drásticamente desde el siglo XX. Es evidente que el entorno laboral ha evolucionado en las últimas décadas, y
con él, las demandas de los trabajadores han ido cambiando significativamente. Hoy en día, las expectativas
laborales van más allá de un salario justo; en el pasado,
la lealtad de los empleados se basaba principalmente en
la compensación económica. En cambio, ahora se trata
de ganarse su confianza y compromiso con un ambiente
laboral positivo y oportunidades de crecimiento. En la
actualidad, la gente busca empleos que ofrezcan un ambiente agradable, oportunidades para avanzar y crecer,
así como flexibilidad en sus responsabilidades laborales.

Buscan un equilibrio entre la vida personal y profesional, junto con un estilo de liderazgo más empático y colaborativo. Las políticas de Recursos Humanos deben adaptarse para retener el talento y mejorar la satisfacción de los trabajadores. El estilo de liderazgo tradicional, donde el líder toma decisiones unilaterales y no presta suficiente atención a las necesidades de sus colaboradores, ya no es adecuado en el mundo laboral actual. En lugar de imponer decisiones, se necesita escuchar activamente y mostrar empatía hacia los miembros del equipo.

En este sentido, el diálogo abierto y la consideración de las opiniones de los colaboradores no solo fortalecen la relación entre líder y equipo, sino que también fomentan un ambiente de confianza y colaboración mutua. Cuando los empleados se sienten valorados y escuchados, están más motivados para contribuir con ideas y esfuerzo hacia los objetivos comunes de la organización. Este enfoque de liderazgo empático y participativo no solo mejora la satisfacción laboral, sino que también impulsa la creatividad, la innovación y el rendimiento general del equipo.

Después del estudio que realizamos, observamos una marcada diferencia en la forma en que hombres y mujeres lideraban y, en particular, en cómo se comunicaban con sus equipos. Las líderes femeninas suelen priorizar la escucha activa y evitan las interrupciones durante las conversaciones, lo que fomenta un ambiente en el que los colaboradores se sienten verdaderamente valorados y comprendidos. Según los datos obtenidos, los trabajadores bajo liderazgo femenino reportaron un 32% más de satisfacción en comparación con aquellos bajo liderazgo masculino. Esta discrepancia en la percepción de sentirse escuchados y atendidos reflejaba directamente la calidad de las relaciones establecidas a partir de una comunicación más empática y receptiva.

Basándonos en los hallazgos del estudio, llegamos a la conclusión de que la comunicación abierta y bidireccional es clave para que las personas se sientan realmente valoradas. Todos merecemos ser escuchados y comprendidos, y eso va más allá de simplemente oír lo que el otro tiene que decir. Se trata de empatizar, de ponerse en la piel del otro y entender sus preocupaciones y necesidades.

En el trabajo, tanto hombres como mujeres anhelan ser valorados y escuchados. Como líderes y gerentes, debemos estar dispuestos a prestar atención y responder a estas necesidades para mejorar la satisfacción y el compromiso de nuestro equipo. La comunicación abierta y bidireccional, cuando se practica de manera genuina, puede fortalecer los lazos y fomentar un ambiente laboral más positivo y productivo.

La comunicación efectiva es esencial en el liderazgo del siglo XXI, independientemente del género del líder. Sin embargo, el liderazgo femenino a menudo presenta ciertos factores diferenciales que pueden potenciar aún más este aspecto. Estas diferencias pueden surgir de las experiencias únicas que las mujeres han enfrentado a lo largo de sus vidas, así como de sus perspectivas y enfoques innatos, moldeados desde una edad temprana.

Debido a que las mujeres suelen ser más conscientes y receptivas a las emociones, poseen una capacidad natural para sintonizar con los sentimientos de los demás. A menudo, las mujeres interpretan las señales emocionales con mayor claridad y profundidad, lo que les permite comprender mejor las necesidades y preocupaciones de quienes las rodean. Esta sensibilidad hacia las emociones les da una ventaja en la comunicación interpersonal y en la resolución de conflictos, ya que están más inclinadas a reconocer y abordar los aspectos emocionales de una situación.

Algunos estilos de liderazgo masculino tienden a enfocarse más en los aspectos prácticos y objetivos, dejando en segundo plano los elementos emocionales y humanos. Esto puede llevar a una comunicación menos centrada en las emociones y a una menor capacidad para interpretar los estados emocionales de los demás.

La forma en que las mujeres escuchan y hacen preguntas durante una conversación refleja su enfoque en conectar emocionalmente con los demás. Cuando hablan con alguien, no se conforman con respuestas superficiales; quieren entender sus emociones y necesidades más profundas. Esto no solo les permite ayudar mejor, sino que también les proporciona información valiosa para alcanzar sus propios objetivos.

Personalmente, he experimentado cómo este tipo de escucha activa crea una atmósfera de confianza y comprensión mutua. Cuando alguien se toma el tiempo para entender realmente lo que sientes y necesitas, te sientes valorado y comprendido. Esta conexión emocional no solo mejora la relación, sino que también facilita la colaboración y el trabajo en equipo.

Lo que he observado con este factor diferencial entre hombres y mujeres en cuanto a la escucha activa es que las mujeres tienen una habilidad especial para generar confianza y conexión emocional. Cuando una mujer se comunica de manera emocional, transmite autenticidad y empatía, lo que fortalece los vínculos y fomenta un ambiente de confianza mutua. Esto crea un ciclo positivo donde la confianza y la emoción se retroalimentan continuamente.

Una de las ventajas clave de la comunicación emocional de las mujeres es su capacidad para acercarse emocionalmente a los demás. Las mujeres suelen sentirse más cómodas expresando sus emociones y compartiendo sus experiencias personales en las conversaciones. En contraste, los hombres tienden a ser más reservados en este aspecto, influenciados por las normas de género y los convencionalismos culturales que históricamente han promovido una masculinidad más distante y menos emocional.

En mi propia experiencia, he encontrado que al adoptar un enfoque más abierto y emocional en mis interacciones, he podido establecer relaciones más sólidas y significativas, tanto en el ámbito profesional como en el personal. La capacidad de conectarse emocionalmente con los demás es una habilidad invaluable que puede marcar una gran diferencia en la forma en que nos comunicamos y colaboramos unos con otros.

Otro aspecto importante a considerar en la diferencia entre el liderazgo masculino y femenino es la comunicación no verbal, que juega un papel fundamental en la forma en que nos relacionamos y nos entendemos. Una buena comunicación no verbal puede reforzar y complementar lo que estamos expresando verbalmente, facilitando una comprensión más rápida y profunda por parte del receptor.

En este sentido, las mujeres tienden a ser más expresivas en su comunicación no verbal, utilizando gestos, expresiones faciales y lenguaje corporal para transmitir emociones y sentimientos de manera más evidente. Esta expresividad no solo refleja una parte más humana y empática, sino que también facilita la conexión emocional con los demás.

Siguiendo con lo que mencionaba anteriormente, uno de los aspectos que resaltamos en nuestro estudio es la relevancia de promover una comunicación abierta y bidireccional en el entorno laboral. Observamos que las mujeres tienden a comunicarse de manera más directa y clara, lo cual resulta fundamental para evitar malentendidos y fomentar un ambiente de confianza y transparencia. La comunicación ambigua puede dar lugar a confusiones y conflictos innecesarios entre los colaboradores.

Siguiendo con el análisis del liderazgo femenino, es interesante destacar el enfoque de comunicación asertiva que muchas mujeres adoptan en su estilo de liderazgo. La comunicación asertiva implica expresar pensamientos, sentimientos y necesidades de manera clara, directa y respetuosa, al mismo tiempo que se escucha y se respeta la opinión de los demás.

En mi experiencia, he notado que este tipo de comunicación crea una especie de obligación moral para que ambas partes sigan por el mismo camino. Si no hay una comprensión mutua, la conversación pierde sentido, ya que estaríamos hablando diferentes idiomas emocionales. Por eso, es fundamental hablar el mismo lenguaje y mantener la sintonía en la comunicación.

Las mujeres tienden a utilizar un estilo de comunicación asertiva que es más diplomático y suavizado en comparación con los hombres. Evitan el uso de palabras ofensivas o directas, optando por frases más amables y menos punzantes. Por otro lado, los hombres suelen adoptar un estilo más firme en su comunicación, que puede percibirse como más contundente.

Continuando con el análisis de cómo se manifiesta la comunicación asertiva en diferentes contextos, es interesante observar cómo influye en el proceso de negociación empresarial. Las mujeres tienden a adoptar un enfoque más suave y sinuoso durante la etapa inicial de negociación. Este enfoque contribuye a suavizar las asperezas y establecer una base sólida para la discusión.

A medida que avanza el proceso de negociación, las mujeres muestran una capacidad única para ser directas sin ser percibidas como punzantes o agresivas. Al llegar al cierre del acuerdo, suelen ser más claras y decisivas que los hombres, pero lo hacen de una manera que facilita la comprensión y evita conflictos.

Por otro lado, los hombres tienden a ser más directos desde el inicio de la negociación, lo que puede poner a la otra persona a la defensiva y dificultar el cierre del acuerdo. Esto hace que, necesiten adoptar un enfoque más brusco y contundente debido a que no han gestionado tan hábilmente el proceso previo.

En nuestro estudio, encontramos que el índice de satisfacción en el cierre de negociaciones liderado por mujeres era casi el doble en comparación con las negociaciones lideradas por hombres, lo que subraya la eficacia de su enfoque comunicativo en este contexto.

En resumen, nuestra investigación revela que las mujeres tienden a buscar soluciones a través de la colaboración, la negociación y el compromiso en situaciones de conflicto, mostrándose más dispuestas a llegar a acuerdos intermedios. Por otro lado, los hombres pueden inclinarse hacia un enfoque más competitivo y directo. En este sentido, la clave para una buena comunicación asertiva radica en encontrar un equilibrio entre expresar los pensamientos y sentimientos de manera clara y respetuosa, y ser receptivo hacia las perspectivas de los demás, sin importar el género.

Otro aspecto clave que observamos, derivado del estudio, es cómo los trabajadores valoran la forma en que sus líderes se comunican con ellos. Hoy en día, la honestidad y la transparencia son fundamentales en el trabajo. Los empleados quieren saber claramente qué se espera de ellos y recibir retroalimentación sobre su desempeño. Las mujeres suelen ser vistas como más auténticas en su comunicación, lo que genera una confianza extra en su liderazgo. Esta honestidad no solo es apreciada, sino que también crea un ambiente inclusivo donde todas las voces son escuchadas.

Además, las mujeres suelen ser más conscientes de la diversidad de género en su comunicación. Esto no solo fomenta un equipo más colaborativo, sino que también ayuda a superar desafíos relacionados con la igualdad de género en el trabajo. Al celebrar los logros de otras mujeres líderes, se construyen redes de apoyo que fortalecen a toda la comunidad femenina en el ámbito laboral.

Nuestro estudio también resalta que las mujeres dedican más tiempo y recursos a mejorar sus habilidades de comunicación, como la oratoria y la comunicación no verbal. Este esfuerzo les permite inspirar y motivar a su equipo de manera auténtica y efectiva. Además, buscan mentorías y coaching con más frecuencia, lo que demuestra su firme compromiso con su crecimiento personal y profesional. Su dedicación es un ejemplo de cómo invertir en uno mismo puede transformar no solo carreras, sino equipos y organizaciones enteras.

CAPÍTULO 3
COLABORACIÓN

La empatía nos permite comprender no solo las habilidades y capacidades de nuestro equipo, sino también sus expectativas, sus sueños y desafíos personales.

Miriam Rendón, directora general del grupo Excelencias

Es crucial destacar que el liderazgo femenino se distingue por fomentar la colaboración y el trabajo en equipo entre todos los miembros del grupo. Generalmente, las mujeres líderes valoran más la diversidad de opiniones y experiencias que los hombres líderes, creando un entorno donde todos se sienten escuchados e incluidos.

Para lograr el compromiso de los trabajadores, el primer paso es practicar la escucha activa. Cuando todos tienen la oportunidad de contribuir, se facilita una toma de decisiones más justa y participativa. Al involucrar a todos los miembros, se obtienen diferentes perspectivas sobre un mismo problema, lo cual puede conducir a soluciones más creativas y a un mayor compromiso. Esto se debe a que cuando todos participan en la resolución de un conflicto, se sienten más comprometidos con la solución. Por el contrario, imponer decisiones puede hacer que los miembros del equipo se sientan desmotivados o desconectados. Cuando se les da la oportunidad de contribuir y sus opiniones son consideradas, es más probable que se sientan involucrados y cumplan con su parte cuando sea necesario.

Desde la perspectiva del liderazgo femenino, la colaboración y el trabajo en equipo se basan en una serie de enfoques y características que son muy valoradas tanto por los equipos que lideran como por otros líderes que adoptan esta perspectiva. Es importante tener en cuenta que no todas las líderes femeninas son iguales; cada una tiene su propio estilo. Sin embargo, hay algunas tendencias comunes que hemos identificado en nuestro estudio, especialmente en lo que respecta a la colaboración y el trabajo en equipo.

Estas tendencias están asociadas con nueve características principales que marcan la diferencia en cómo se enfoca la colaboración:

Comunicación abierta y empática: Las líderes femeninas suelen fomentar una comunicación más abierta y empática en sus equipos, escuchando activamente a todos los miembros del equipo.

Objetivos y visión compartida: En equipos liderados por mujeres, todos los miembros suelen comprender claramente los objetivos y la visión del proyecto.

Esto se logra estableciendo metas claras y compartidas, asegurando que todos trabajen en la misma dirección desde el inicio.

Roles y responsabilidades compartidas: Cada miembro del equipo entiende su función y las responsabilidades específicas, tanto individuales como colectivas. Esto ayuda a evitar la duplicación de esfuerzos y garantiza que todas las tareas se completen.

Comunicación abierta y efectiva: En el trabajo en equipo, una comunicación abierta y participativa es crucial. Todos deben sentirse cómodos expresando sus ideas y preocupaciones para evitar sorpresas o problemas más adelante.

Feedback constante: Las mujeres líderes no solo proporcionan feedback, sino que también lo solicitan de manera regular. Este proceso bidireccional fomenta un ambiente de aprendizaje colectivo donde todos contribuyen con sus experiencias para identificar qué funciona y qué no.

Apoyo mutuo: El liderazgo femenino se centra en fomentar la colaboración y el apoyo entre todos los miembros del equipo, asegurándose de que nadie quede rezagado.

Planificación y seguimiento: Las mujeres suelen usar herramientas de planificación efectivas para un seguimiento riguroso del proceso y el cumplimiento de los plazos. Esto resulta en un mejor cumplimiento de los plazos en comparación con los equipos liderados por hombres.

Colaboración: Las mujeres promueven la colaboración dentro del equipo, valorando las contribuciones de todos y priorizando trabajar juntos para alcanzar los objetivos.

Diversidad: Las líderes femeninas aprovechan la diversidad dentro del equipo como una fuente de riqueza y oportunidad, enriqueciendo el grupo con una variedad de habilidades y perspectivas.

Aprendizaje continuo: Las mujeres promueven un constante aprendizaje en el equipo, donde los errores son vistos como oportunidades de mejora y se fomenta la adquisición de nuevas habilidades.

Decisiones proactivas: En el liderazgo femenino, se destaca una mayor proactividad. Las líderes involucran a todo el equipo en la toma de decisiones, buscando consenso y valorando las contribuciones de cada miembro.

Transformacional: El liderazgo femenino se caracteriza por ser más transformador y perdurable en el tiempo, inspirando y motivando a los miembros del equipo para que alcancen su máximo potencial.

Gestión de conflictos constructiva: Las líderes femeninas abordan los conflictos de manera constructiva, buscando soluciones que beneficien a todo el equipo y promoviendo un enfoque empático y colaborativo.

Fomento de la diversidad: El liderazgo femenino promueve la inclusión dentro del grupo, valorando y respetando las diferencias individuales para impulsar la creatividad, innovación y eficacia del equipo.

Desarrollo personal y mentoría: Las mujeres líderes muestran un interés especial en el desarrollo personal y profesional de sus equipos, promoviendo una fuerza laboral diversa y empoderada.

Comunicación no verbal: Las mujeres líderes son conscientes de la importancia de la comunicación no verbal, lo que les permite gestionar mejor las dinámicas de grupo y las relaciones interpersonales.

Resiliencia: Las mujeres muestran una notable resistencia a la frustración y la adversidad, lo que les permite afrontar los desafíos con eficacia y mantener un enfoque constante en su trabajo.

El liderazgo femenino demuestra que la colaboración, basada en la empatía y la diversidad, no solo fomenta el éxito del equipo, sino que también impulsa transformaciones significativas dentro de la organización.

CAPÍTULO 4
RESILIENCIA

La filosofía personal no se expresa mejor en las palabras; se expresa en las elecciones que uno hace... las decisiones que tomamos son, en última instancia, responsabilidad nuestra.

Eleanor Roosevelt, ex Primera Dama de Estados Unidos.

La resiliencia, en mi opinión, es un componente fundamental del liderazgo femenino, pero de hecho lo es también de cualquier otro tipo de liderazgo. La resiliencia se refiere a la capacidad de una persona para enfrentar la adversidad, superar obstáculos, adaptarse a situaciones difíciles y recuperarse de los desafíos de la vida.

Recuerdo con especial cariño mi época universitaria, cuando en la asignatura de Derecho Constitucional, un afamado catedrático mencionó el artículo 14 de la Constitución, que establece que todos somos iguales ante la ley; una afirmación que me parecía más retórica que real. Reflexioné durante meses sobre este tema, discutiéndolo en varias ocasiones con mi padre y mi abuelo, este último fue mi gran mentor y amigo. Con ellos llegué a la conclusión de que la Constitución tiene muchos padres pero ninguna madre, lo que se refleja en una falta de elegancia femenina. A partir de esta reflexión, me sumergí en la realidad y encontré luz en el artículo 9.1 de la Constitución, que establece la obligación de remover obstáculos para lograr la igualdad efectiva.

Fue entonces cuando me di cuenta de la importancia vital de la resiliencia en el liderazgo femenino. Esta capacidad específica que tienen las mujeres para enfrentar la adversidad, superar obstáculos, adaptarse a situaciones difíciles y recuperarse de los desafíos que tienen delante. Entender esto me llevó a investigar y se gestó el estudio que abre este libro sobre las diferentes formas de afrontar y adaptarse a la realidad entre hombres y mujeres. Al sumergirme en estas diferencias, descubrí que existen claras diferencias en la resiliencia entre hombres y mujeres, influenciadas principalmente por factores biológicos y socioculturales.

Las experiencias de vida, como el acoso y las violaciones, marcan el camino de la resiliencia tanto en hombres como en mujeres.

Los roles familiares y las responsabilidades también influyen en la resiliencia, es el caso de los papeles que cada uno adopta en el cuidado de la familia y del hogar.

La comunicación y el apoyo social: las mujeres tienden a comunicarse más abiertamente y buscar más apoyo emocional que los hombres.

La expresión emocional: las mujeres suelen ser más propensas a expresar sus emociones abiertamente, lo cual puede ser beneficioso para la resiliencia.

El afrontamiento activo frente a la evitación: las mujeres tienden a utilizar estrategias activas para enfrentar problemas, como buscar soluciones y expresar emociones, mientras que los hombres a menudo evitan los problemas.

Las mujeres que han experimentado adversidades en su infancia desarrollan mayores niveles de resiliencia en comparación con los hombres en situaciones similares.

Las diferencias biológicas y hormonales influyen en la resiliencia de las mujeres, ya que deben superar más obstáculos para ser tomadas en serio, incluso la menstruación puede ser vista como una desventaja que las hace más susceptibles a la discriminación.

El estrés ocupacional: las mujeres enfrentan más obstáculos en el mundo laboral, como la discriminación de género y la falta de igualdad de oportunidades, lo que las presiona a demostrar constantemente su valía. Esta presión puede ser superada con resiliencia o puede llevar a la depresión.

La salud mental y la autoestima son variables limitantes según el estudio, incluyendo el techo de cristal. La baja autoestima puede llevar a rendirse.

Es importante recordar que estas son tendencias generales observadas en el estudio. La resiliencia es altamente individual y se desarrolla de manera diferente en cada persona a lo largo de la vida. Sin embargo, hay factores comunes que influencian.

Además de estas nueve diferencias, el estudio identifica 13 características clave del liderazgo femenino, donde la resiliencia es el hilo conductor que no distingue entre hombres y mujeres.

Superar la discriminación de género: Los líderes eficaces, tanto hombres como mujeres, gestionan desde la emoción y la resiliencia. Un buen líder supera y ayuda a otros a superar la discriminación de género, normalizando e integrando todos los géneros.

Equilibrio entre trabajo y vida personal: El liderazgo femenino a menudo implica múltiples roles y responsabilidades, tanto profesionales como personales, pero la resiliencia les permite manejar estas demandas.

Aprender de los fracasos: La resiliencia impulsa a las líderes femeninas a ver los fracasos como oportunidades de aprendizaje, en lugar de obstáculos insuperables.

Determinación y perseverancia: Las líderes femeninas enfrentan desafíos que requieren determinación y perseverancia. La resiliencia les ayuda a mantenerse enfocadas en sus metas a pesar de los obstáculos.

Autoconfianza y autoestima: La resiliencia fomenta la autoconfianza y la autoestima, permitiéndoles liderar con convicción y autoridad.

Inclusión y diversidad: Las líderes femeninas suelen ser defensoras de la inclusión y la diversidad en el trabajo, gracias a su experiencia personal y resiliencia.

Inspiración a otros: Las líderes femeninas sirven de modelos inspiradores para otras mujeres y jóvenes, demostrando que es posible superar obstáculos de género y alcanzar posiciones de liderazgo.

Gestión de presión y estrés: La resiliencia es esencial para tomar decisiones efectivas bajo presión y mantener un clima laboral positivo.

Adaptación al cambio y crisis: La resiliencia del liderazgo femenino ayuda a adaptarse a nuevos desafíos y liderar en tiempos de crisis con estabilidad emocional.

Mantener la motivación y pasión: La resiliencia ayuda a las líderes a mantener su motivación y pasión a lo largo del tiempo, transmitiéndola a su equipo.

Liderazgo empático en adversidad: Las líderes femeninas que han superado obstáculos comprenden mejor las luchas de su equipo, creando un entorno de trabajo más inclusivo.

Redes de apoyo y mentoría: Las líderes femeninas construyen redes de apoyo y mentorizan a otros, a diferencia del liderazgo masculino más individualista.

Innovación y adaptación: La resiliencia del liderazgo femenino fomenta la innovación y la adaptación a nuevas tendencias y tecnologías.

En conclusión, la resiliencia es clave en el liderazgo, y hoy en día, especialmente en el liderazgo femenino, es la fuerza que impulsa a enfrentar desafíos, aprender de las adversidades y liderar con determinación, confianza, empatía e inclusión. Esta cualidad es esencial para navegar en el mundo laboral y social actual, donde, a veces, los obstáculos pueden ser más difíciles por el simple hecho de ser mujer. Si bien los hombres también pueden liderar con gran eficacia, lo más importante es que todos, sin importar el género, gestionemos con emoción y resiliencia. La verdadera fuerza del liderazgo radica en levantarse, aprender y seguir adelante con propósito y corazón.

CAPÍTULO 5
INCLUSIVIDAD

Tenemos que promover en el seno interno de cada empresa el desafío a los estereotipos de género.
Ivonne Vargas, consultora mexicana.

Cuando hablamos de liderazgo inclusivo nos referimos a un enfoque que valora y fomenta la diversidad en el lugar de trabajo, no limitándose únicamente al género. Su objetivo es crear un entorno donde todos los miembros del equipo se sientan valorados, respetados y empoderados, independientemente de su género, características personales, religión, gustos o afinidades. Aunque busca la igualdad y la equidad para todos, a veces se observan diferencias en cómo hombres y mujeres enfocan este liderazgo. En el caso de las mujeres, su enfoque de inclusividad tiende a ser más amplio.

Quiero compartir con vosotros una frase que me dijo en una ocasión la gran consultora mexicana Ivonne Vargas (para mí, sin lugar a dudas, una de las 10 mejores expertas en liderazgo transformacional del continente americano): "Tenemos que promover en el seno de cada empresa el desafío a los estereotipos de género".

Aquí os muestro 18 diferencias importantes entre cómo lideran los hombres y las mujeres en términos de inclusión:

Estilo de liderazgo: Las mujeres suelen adoptar un enfoque más colaborativo y orientado al equipo, mientras que los hombres tienden hacia un estilo más directivo. El liderazgo inclusivo reconoce y valora una diversidad de estilos de liderazgo, independientemente del género.

Equilibrio de género en posiciones de liderazgo: Busca abordar la brecha de género promoviendo la representación equitativa en todos los niveles de liderazgo.

Desarrollo personal: Proporciona oportunidades de desarrollo profesional equitativas tanto para hombres como para mujeres, impulsando el crecimiento interno y las promociones.

Fomento de la conciencia y sensibilización: Se enfoca en crear conciencia sobre cuestiones de género en el lugar de trabajo a través de formaciones, talleres y ejemplos de éxito.

Comunicación: Las mujeres suelen destacar por su comunicación empática y en la gestión de relaciones, promoviendo redes sólidas y colaboración a largo plazo.

Comunicación no verbal: Las mujeres suelen ser más conscientes de la comunicación no verbal y su impacto en la interacción, en contraste con los hombres que tienden a ser menos conscientes de ello.

Enfoque de desarrollo personal: Las líderes mujeres tienden a enfocarse en el desarrollo personal y profesional de todo su equipo, apoyando un crecimiento integral.

Resolución de conflictos: Las mujeres adoptan un enfoque más colaborativo para manejar y resolver conflictos, promoviendo un ambiente de respeto y valoración mutua.

Negociación y toma de decisiones: Las mujeres suelen considerar múltiples perspectivas y buscar el consenso en la toma de decisiones, lo cual puede llevar a procesos más participativos pero también a equipos más cohesionados.

Equilibrio entre trabajo y vida: Se centra en políticas que apoyen un balance entre la vida personal y profesional, especialmente relevante para las mujeres.

Diversidad de pensamiento: Las mujeres líderes valoran la diversidad de pensamiento para enriquecer el producto final, en comparación con un enfoque masculino más orientado a la eficiencia y rapidez.

Gestión de la ambigüedad e incertidumbre: Las mujeres muestran habilidades superiores para manejar la ambigüedad y la incertidumbre, convirtiéndolas en oportunidades.

Gestión de la diversidad generacional: Las mujeres líderes tienden a facilitar la colaboración entre diferentes generaciones dentro de sus equipos.

Habilidades de empoderamiento y autoliderazgo: Las mujeres líderes empoderan a sus equipos ofreciendo autonomía y apoyo, permitiéndoles asumir desafíos con mayor facilidad.

Desarrollo del talento y mentoría: Las mujeres promueven el desarrollo personal y profesional a través de mentorías y coaching más frecuentes que los hombres.

Redes de colaboración: Las mujeres tienden a ser más colaborativas en la construcción de redes y colaboraciones, fortaleciendo relaciones tanto dentro como fuera de la organización. En este punto, quiero mencionar a Orfilio Peláez, periodista científico de la columna científica del periódico 'Granma de Cuba', quien durante una conferencia sobre la mujer y la igualdad de género expresó que, como hombre, siente un compromiso con las mujeres que corren por la libertad y un deber social de trabajar por un mundo mejor. Orfilio subraya la importancia crucial de tejer redes y colaboraciones para colocar a la mujer en el lugar que merece.

Gestión del cambio y resiliencia: Las mujeres destacan por su capacidad de gestionar el cambio y la incertidumbre, mostrando una mayor resiliencia en tiempos de transición.

Responsabilidad social corporativa: Las mujeres líderes suelen tener un mayor compromiso con la inclusión y la igualdad en términos de responsabilidad social corporativa.

En resumen, el liderazgo inclusivo busca aprovechar lo mejor de cada persona, sin importar su género, para crear equipos fuertes y positivos. Esto no solo transforma el ambiente de trabajo, sino que también impulsa el éxito y la competitividad de las organizaciones, abriendo el camino hacia un futuro más justo y lleno de oportunidades para todos.

Parte II

5 CASOS DE ÉXITO

CAPÍTULO 1
NUBANK

Buscamos fomentar no solo el liderazgo femenino, sino también aumentar la presencia de mujeres en tecnología.

Cristina Junqueira, cofundadora y actual directora ejecutiva del banco digital brasileño NuBank

Cristina Junqueira, cofundadora y actual directora ejecutiva del banco digital brasileño NuBank, ha sido una figura destacada en el mundo financiero. Originado en Brasil, NuBank se ha expandido globalmente y hoy en día es el banco tecnológico más grande del mundo.

La historia de Cristina tiene un halo a las películas de Disney. Graduada en ingeniería y con una maestría de la Universidad de São Paulo, continuó su educación en Estados Unidos, obteniendo un máster en Administración y Dirección de Empresas en la Universidad de Northwestern. Con tan solo 24 años, inició su carrera como consultora en Boston Consulting Group antes de ingresar al mundo bancario, trabajando en Itaú Unibanco, el mayor banco de Brasil, supervisando carteras de tarjetas de crédito.

Durante cinco años, Cristina trabajó en ese banco en Brasil, un país donde la especulación financiera era desmedida en aquel entonces. Esto la llevó a cuestionarse constantemente si su trabajo realmente beneficiaba a la sociedad o simplemente contribuía a hacer más ricos a los ricos.

Estimado lector, tuve el privilegio de conocer a Cristina en el Foro Iberoamericano de Desarrollo Organizacional en México en 2021, donde ella era ponente. Fue un evento en el que me otorgaron el premio a mejor deísta (desarrollo organizacional).

La verdad es que su historia me cautivó, y desde entonces he mantenido un estrecho contacto con ella, conociendo bien su trayectoria. Cristina es una persona excepcionalmente humilde que sacrifica todo, absolutamente todo, por permanecer fiel a sus valores. Incluso en 2013, durante una entrevista con la revista Fortune, siendo la única mujer brasileña en la lista de las mujeres más poderosas del mundo, Cristina expresó que consideraba haber fracasado rotundamente al contribuir a la riqueza de los más ricos. Cuando la revista le preguntó por qué dejó su acomodado puesto como directiva bancaria para fundar una startup, ella respondió sin titubear: "Por valores".

En 2013, Cristina tomó la decisión de dejar la banca y buscar una empresa que reflejara sus valores. Después de meses de reflexión, decidió perseguir su sueño de crear una startup. Conoció a David Vélez, un emprendedor colombiano, y juntos se asociaron con Edward Wible, un inversor estadounidense, para fundar Nu-Bank.

Como comentaba al inicio de este capítulo, lo más sorprendente de su historia es cómo enfrentó los desafíos, toda una historia para una película de Disney. Durante el proceso de búsqueda de inversores se quedó embarazada, un embarazo que necesitaba atención médica. A pesar de la situación, Cristina viajó a California estando embarazada de siete meses. La guinda del pastel fue que, desde la cama del hospital, firmó el acuerdo financiero un día antes de dar a luz.

Ocho años más tarde, NuBank se ha convertido en uno de los mayores bancos digitales del mundo, con un valor de mercado de 48 mil millones de euros. Cuando hablas con ella, siempre menciona que ser madre y tener un trabajo a tiempo completo es una habilidad real que debería valorarse mucho más. Por eso, ella valora en su equipo la capacidad de equilibrar múltiples responsabilidades, incluso la de cuidar de la familia o de los ascendientes, además del trabajo. A partir de este enfoque, empodera a su personal para que no solo maneje esta doble o triple presencia, sino que también los promociona basándose en su compromiso y responsabilidad.

Sin embargo, la presencia simultánea de múltiples responsabilidades puede llevar a las personas al estrés y a recurrir a ansiolíticos. Por eso, ella les proporciona coaching y mentoring. Les ayuda proporcionando un equipo que les permita manejar equilibradamente sus tres facetas de la realidad sin que les genere estrés. No solo se preocupa por sus empleados, sino que también los potencia y les enseña cómo evitar el estrés y las tensiones en su salud al cumplir con esas tres responsabilidades. Esta manera de trabajar me pareció tremendamente disruptiva, una visión a largo plazo, sostenible, que cohesiona equipos y empodera al mismo tiempo.

Nubank cuenta con 54 millones de clientes, de los cuales 1.4 millones se ubican en México. Además, cuenta con 6500 trabajadores. Su estrategia está basada principalmente en la mujer y la innovación. Nubank es una entidad integral en el campo de las plataformas digitales que ofrece servicios financieros y de innovación, y ha revolucionado el sector financiero en redes. Es una empresa que tiene en su ADN el liderazgo femenino.

Nubank promueve la equidad de género y crea equipos diversos y sólidos. Esta ha sido siempre la prioridad de Cristina desde el primer momento, ya que es uno de sus valores fundamentales. No importa cómo pienses o de dónde vengas, eres bienvenido, ya seas hombre o mujer. Estamos hablando de un auténtico liderazgo femenino.

Cristina siempre me ha dicho que para ella la diversidad es un activo muy valioso. Desde sus inicios en 2013, su empresa ha tenido una fuerza de trabajo bien equilibrada. A día de hoy, el 40% de los empleados son mujeres. Su determinación es tan grande que espera que en 2025 en Nubank haya una proporción equitativa del 50-50 entre hombres y mujeres.

A las mujeres que entraban a la parte técnica de la empresa se les formaba en el liderazgo femenino y se les enseñaba a crear una red de apoyo, donde las mujeres se respaldaban mutuamente, algo que hemos visto en la parte teórica del libro. Por lo tanto, aquellas con talento podían ascender dentro de la jerarquía. Cristina me decía: "Buscamos fomentar no solo el liderazgo femenino, sino también aumentar la presencia de mujeres en tecnología". En 2021, Cristina lanzó el programa *Yes she codes*, un programa de becas para incentivar no solo la mejora tecnológica del personal interno, sino también para ofrecer becas a mujeres interesadas en ser desarrolladoras y programadoras. Es una visión muy amplia por parte de Cristina, que no solo busca capacitar a los empleados de su empresa para su propio beneficio, sino que también busca transformar la mentalidad femenina en la sociedad.

Nubank no solo se compromete a que el 50% de sus empleados sean mujeres en 2025, sino que tiene otro objetivo aún más ambicioso: que el 50% de los líderes sean mujeres. Con este fin, la empresa celebra el Día de la Mujer, una jornada en la cual todas las mujeres dejan de "trabajar" para dedicarse a la mejora continua. Se organizan en grupos para aportar ideas de mejora a la organización. Este enfoque ha llevado a Nubank a convertirse en una de las diez startups más valiosas del mundo en busca del conocimiento. Es la única empresa entre las diez primeras que cuenta con una mujer entre sus fundadores.

Otra cosa importante a destacar que hace diferente a esta startup es la división Nu Women. En el interior de la empresa existe un grupo de afinidad femenina que es voluntario y que participa activamente en la creación de políticas de apoyo e igualdad de género en el conjunto del equipo de diversidad e inclusión. Este grupo realiza actividades de mentoring, organiza eventos internos y externos, y lleva a cabo diferentes acciones de acogida. Además, tienen otro equipo dedicado al bienestar femenino.

Para cerrar este capítulo, quiero compartir algo que me ha inspirado profundamente de Cristina Junqueira: su programa de mentoría para líderes femeninas. En Nubank, cualquier persona, sin importar su género, tiene la oportunidad de liderar desde un enfoque emocional, consultivo, participativo, lleno de diálogo y empatía. El objetivo es impulsar el crecimiento profesional a través de conversaciones individuales o grupos de debate con otros profesionales de Nubank que ya han vivido ese proceso y que, con su ejemplo, llevan el verdadero ADN del liderazgo. Este enfoque no solo transforma a los líderes, sino que crea una cultura de apoyo, aprendizaje y empoderamiento para todos.

CAPÍTULO 2
IKEA ESPAÑA

Si tus acciones crean un legado que inspira a otros a soñar más, aprender más, hacer más y ser más, entonces eres un excelente líder.

Dolly Parton, cantante y compositora.

El segundo caso de éxito es IKEA España. Este ejemplo ilustra cómo IKEA España ha implementado efectivamente el liderazgo en femenino a través de políticas reales y prácticas.

IKEA España, a diferencia de IKEA a nivel mundial, adapta sus enfoques a los usos y costumbres locales. Aunque comparten un ideario común, la implementación en España destaca por su capacidad para generar tendencias y provocar cambios necesarios, siempre ajustados a la cultura local. Este enfoque flexible permite mantener el ADN y los valores esenciales de la marca, mientras se adapta a cada país y cultura para que los clientes lo asuman mejor y se sientan más cómodos. Así, IKEA España ejemplifica cómo una empresa puede ser global y, al mismo tiempo, profundamente local.

El caso de IKEA España ejemplifica un modelo de liderazgo visionario y transformacional. Inicialmente, una líder identificó la necesidad de cambiar el modelo de la organización. Este liderazgo en femenino se caracteriza por transformar las organizaciones basándose en el talento, pero con una sensibilidad especial hacia las emociones y la gestión del cambio. Durante el proceso, esta líder fue contratada por otra empresa, pero no antes de haber trazado un detallado plan en papel. A pesar de su partida, el relevo generacional del ideario que ella trazó recayó en un hombre. Este ejemplo demuestra que el modelo de gestión en femenino no está limitado a las mujeres; los hombres también pueden adoptarlo y llevarlo a cabo con éxito. El hombre que asumió la dirección continuó liderando con la misma sensibilidad y enfoque emocional que caracteriza al liderazgo en femenino, mostrando que estos principios pueden ser aplicados por cualquier género. Por tanto, el caso de IKEA España es un claro ejemplo de que el liderazgo no se trata de sexo, sino de talento.

Pero antes de explicaros el caso, debemos contextualizar los datos en España. En las cúpulas directivas, la representación femenina es significativamente baja. Solo el 22% de los puestos directivos son ocupados por mujeres. Además, en las consejerías, esa cifra desciende al 16%, y entre las directoras generales (CEO) apenas un 5% son mujeres. Esto plantea interrogantes importantes sobre el papel y la influencia de las mujeres en esos roles. Es crucial examinar qué están haciendo estas consejeras y CEO's, dado que empresas con una mayor presencia femenina en estas posiciones suelen ser un 27% más rentables, según casos recientes y ejemplos como el de Ikea España.

En 2015, Petra Axdorff asumió la dirección general de IKEA España, procedente de Suecia, con el objetivo de adaptar el exitoso modelo de la empresa sueca al mercado español. Reconoció que el enfoque disruptivo de IKEA, centrado en mobiliario funcional ideal para espacios pequeños, era adecuado para el mercado español, donde los pisos suelen ser más compactos y el precio por metro cuadrado es más bajo que en Suecia. Axdorff se propuso alinear la funcionalidad del mobiliario con los valores y preferencias locales en España. Aunque los consumidores españoles valoraban la innovación, también mostraban una preferencia por viviendas más amplias, como las que había en esos momentos de 120 o 150 metros cuadrados en ciudades como Barcelona.

Este contexto la llevó a reflexionar sobre cómo reposicionar la imagen de IKEA en España, no solo ajustándola a su posición actual, sino también dotándola de un carácter propio y singular que la diferenciara de otras cadenas competidoras con un enfoque similar. Con el objetivo de posicionar IKEA como una empresa diversa y plural, centrada en poner a las personas en el centro de su negocio para impactar positivamente en la sociedad y el medio ambiente, Petra Axdorff diseñó un proyecto desde sus inicios en el mundo de las ideas, lo plasmó en papel y lo implementó con éxito.

Sin embargo, en 2021, Petra Axdorff dejó IKEA para asumir el cargo de consejera delegada en BAMA, un grupo empresarial noruego, tras recibir la oferta en 2020. En un proceso que incluyó un relevo generacional, Nurettin Acar fue designado como su sucesor. Acar, de origen kurdo, es conocido por sus habilidades naturales de sociabilización, empatía y su enfoque en la escucha activa, la consulta y el diálogo. Proveniente de una familia humilde y con un estilo de vida nómada, Acar ha sido parte integral del equipo de IKEA España, acompañando y comprendiendo el proceso de implantación de Petra Axdorff. Su ascendencia y experiencia le otorgan un profundo conocimiento del ADN organizacional de IKEA.

Este hombre no solo posee habilidades y una actitud excepcionales, sino que también es una persona curiosa, flexible y siempre dispuesta a aprender. Él mismo se define como alguien abierto a aprender y a cometer errores. Personalmente, tengo una frase para describirlo: "Los errores son la arcilla con la que se moldean los buenos líderes".

En 2019, Nurettin Acar llegó a España como Market Area Manager, siendo responsable de las tiendas de Madrid, Coslada, Asturias, Valladolid y Barakaldo. Como miembro del comité de dirección, compartió la filosofía de implantación de Petra Axdorff durante dos años y medio. En su nueva posición en España, bajo su liderazgo, buscaba fortalecer el enfoque establecido por Axdorff, basado en las personas como eje central del negocio, mientras continuaba consolidando IKEA como una empresa diversa y con un impacto positivo en las personas y el planeta. En 2021, Acar ascendió a CEO de IKEA España, asumiendo un rol aún más destacado en la dirección y estrategia de la compañía.

Desde 2015, Petra Axdorff se propuso fomentar una composición equilibrada en el equipo directivo, aspirando a lograr que el 50% del comité de dirección de IKEA fuera femenino. Esta meta estuvo en el centro de su visión estratégica desde el principio.

Gracias a las características de su sector y la cultura organizativa sueca, IKEA ya contaba con un número notablemente alto de mujeres en sus roles, superando la proporción común en empresas españolas. Actualmente, en IKEA España, el 40% de los directivos son mujeres, representando un avance significativo hacia la meta original establecida por Petra Axdorff.

El verdadero reto ahora es alcanzar ese 50%. Para lograrlo, IKEA no se conforma con dejar que la situación evolucione de manera natural. Siguiendo el enfoque claro de Petra Axdorff, la empresa ha establecido un plan de acción para empoderar activamente a las mujeres. Los líderes de la empresa comprenden que es crucial tomar medidas concretas para avanzar hacia este objetivo. Esto implica una proactividad constante, como lo ha hecho Nurettin Acar, revisando año tras año el plan desde una perspectiva de género. Esto incluye asegurarse de que haya una representación equitativa de mujeres entre las candidatas consideradas para promociones, no solo en roles de mando intermedio, sino también en posiciones de dirección en los diferentes niveles de la compañía y en cada una de las tiendas de IKEA. Así, IKEA cultiva y promueve tanto a hombres como a mujeres por su talento, permitiéndoles ascender desde roles iniciales hasta posiciones de mayor responsabilidad, incluyendo integrarse en el comité de dirección.

Este plan de acción se revisa anualmente con un enfoque tremendamente activo. La clave del éxito radica en la visión de que se trata de talento más que de género, y en el empoderamiento para generar resultados concretos. Sin acción y dedicación constantes, no se puede avanzar. Por eso, lo que más me entusiasma es esa proactividad para hacer que las cosas sucedan.

En IKEA, se centran en cuatro aspectos clave para el desarrollo del talento: identificar, valorar, hacer tangible y visibilizar, y promover el potencial de las personas. Son proactivos en buscar candidatos a través de programas de desarrollo como por ejemplo "Viking", que impulsa el desarrollo y la promoción en diversos niveles dentro de la empresa. Este programa no se enfoca exclusivamente en mujeres, sino en el talento en general, con una perspectiva que incluye empatía y gestión emocional, reflejando la visión de IKEA como una familia donde todos contribuyen según sus habilidades. Su enfoque se basa en gestionar desde la felicidad y el bienestar laboral, creyendo que solo al estar emocionalmente comprometidos se puede luchar por causas justas y alcanzar la superación personal.

Hasta el momento, este proyecto ha dado resultados muy alentadores desde su implementación en España, especialmente para las mujeres, con un impresionante 70% de las participantes avanzando en sus carreras tras pasar por el programa. IKEA está comprometida con la igualdad de oportunidades de manera evidente y firme, incluso antes de que existieran leyes estatales al respecto. Su enfoque se basa en valores, no en cumplir con imposiciones externas.

Centrados en promover la igualdad, IKEA incorpora algo que me fascinó y que nunca antes había visto: el currículum anónimo en sus procesos de selección. Esto implica que los currículums llegan a Recursos Humanos sin foto ni nombre, evaluando únicamente el mérito de cada candidato. Además, realizan entrevistas, muchas de ellas también de manera disruptiva, incluso se realizan entrevistas por videoconferencia con la cara y la voz distorsionadas. Todos los miembros del equipo de reclutamiento reciben formación en igualdad para evitar sesgos en el proceso de selección. Esto asegura que quienes realizan la criba y la selección no introduzcan sesgos involuntarios que podrían impedir que las mujeres avancen en el proceso. Para mí, este es un avance significativo.

Además, otra medida para la igualdad es que IKEA promueve la conciliación entre el trabajo y la vida familiar, incentivando tanto a hombres como a mujeres a encontrar un equilibrio. Aunque muchas empresas tienen políticas de conciliación, generalmente son las mujeres quienes las utilizan, ya que suelen encargarse del hogar y del cuidado de los ancianos en la familia. Sin embargo, en IKEA se fomenta activamente que los hombres también participen en la conciliación familiar, como parte de su cultura de igualdad. De esta manera, la empresa juega un papel educativo en la sociedad.

Además, dentro del plan de igualdad, otro aspecto destacable es que todas las empresas en España, durante 2023 y 2024, deben implementar un protocolo contra el acoso. IKEA, en particular, lleva más de 10 años promoviendo un entorno laboral que previene estas situaciones, tanto de acoso como de discriminación. Proporcionan formación a todos los mandos y empleados sobre cómo identificar y manejar situaciones de acoso, ya sea laboral o sexual. Este enfoque no se limita únicamente al acoso sexual, sino que también aborda el acoso laboral y la discriminación en general.

Por otro lado, también dentro del plan de igualdad se trabaja la violencia de género. Desde hace más de 10 años, IKEA, bajo la dirección de Petra, estableció un protocolo para proteger a las mujeres víctimas de violencia de género. Esta iniciativa está arraigada en la cultura de la empresa y se aplica de manera efectiva desde hace años. No han esperado a una ley para actuar; han integrado este compromiso en su ADN corporativo.

Además del protocolo de protección, IKEA también ha implementado un acompañamiento integral para las mujeres que sufren violencia de género. Este enfoque va más allá de la protección física, abordando también el apoyo emocional y psicológico necesario. IKEA entiende que su responsabilidad no se limita al entorno laboral, sino que también contribuye a educar y mejorar la sociedad en general. Es fundamental para ellos no solo proteger a las mujeres en sus instalaciones, sino también informar y ofrecer recursos a aquellas que enfrentan violencia doméstica o psicológica fuera del trabajo.

También, IKEA ofrece 18 semanas de permiso por maternidad o paternidad. No consideran esta medida como un gasto, sino como una inversión y una herramienta para aumentar la fidelización de sus empleados.

Con todo lo explicado anteriormente, el trabajador de IKEA siente en lo más profundo de su ser que está en una empresa distinta, una que aspira a cambiar el mundo y que está mejorando su vida a través de valores que no son comunes en España. Este caso me emociona especialmente porque se analiza en prestigiosas escuelas de negocios, como EADA, donde tuvimos el privilegio de estudiarlo con Jaume Gurt, exdirector general de Infojobs y reconocido experto mundial en felicidad en el trabajo. IKEA en España está logrando resultados extraordinarios con este enfoque, y mucho de este éxito se debe a los principios que Agur promueve. Junto a él, hemos tenido la oportunidad de explorar este caso inspirador, analizándolo y fomentando el pensamiento crítico entre nuestros jóvenes estudiantes, para que puedan llegar a sus propias conclusiones. Siguiendo el modelo que promueve la Asociación de Profesionales para el Desarrollo de las Organizaciones (APDO), les estamos mostrando cómo un liderazgo auténtico y centrado en las personas puede transformar no solo empresas, sino también vidas.

CAPÍTULO 3
EUROPREVEN

*Mi filosofía es que no sólo eres responsable de tu vida, sino
que hacer lo mejor en este momento te pone en la mejor posición
para el siguiente.*

Oprah Winfrey, propietaria de medios.

Los dos primeros casos de éxito que mencioné en este
libro se centraron en grandes empresas. Ahora, me gustaría enfocarme en una empresa mediana, como Europreven, y analizar el caso vivencial que hemos desarrollado allí.

Europreven es una empresa de Servicios de Prevención de Riesgos Laborales de ámbito nacional que opera exclusivamente en España, con un volumen de 800 trabajadores distribuidos en más de 60 delegaciones. Derivado del plan de acción que os comentaré, una de las decisiones estratégicas fue no limitarse a cinco delegaciones principales, sino transformarse en una empresa mucho más cercana al territorio, para poder satisfacer no solo las necesidades de los clientes, sino también las de los trabajadores.

Como accionista de Europreven y director territorial de una cuarta parte de España, que abarca Cataluña, Aragón, La Rioja y Baleares, en 2019 me comprometí a trabajar para transformar Europreven en una empresa más fuerte, segura, saludable y competitiva, pero también más consciente e igualitaria. Mi objetivo era impulsar una cultura organizacional que priorizara el bienestar de todos y el respeto por la diversidad. Mi objetivo era poner a los trabajadores en el centro del negocio, en lugar de centrarnos exclusivamente en el cliente. Hasta 2019, el enfoque principal de nuestra organización había sido el cliente.

En 2019, desde una visión preventiva, propuse a mis socios un reto ambicioso: llevar a cabo una prueba piloto en nuestro territorio, enfocándonos en invertir en el talento interno, más allá de las contrataciones externas, y dar un impulso al talento femenino, fiel a mis valores y principios. Así comenzó el diseño de un plan de cambio organizacional inspirado en mi formación humanista, un proyecto del que me sentí profundamente orgulloso, sabiendo que daría forma a un futuro más inclusivo y equilibrado.

Sin embargo, no voy a contaros solo mis éxitos, sino también mis fracasos, porque creo que solo desde la humildad se pueden enfrentar estos cambios transformacionales. Cuando en 2019 diseñé el plan y en 2020 comencé a implementarlo, me di cuenta de que había subestimado la diversidad cultural de España. Intenté descentralizar la organización y crear delegaciones repartidas por la geografía española. En ese momento, empezamos con 25 delegaciones, y en la actualidad somos 60.

Me di cuenta de que en Galicia no compartían los mismos valores ni las mismas convicciones que en Sevilla. No eran ni mejores ni peores, simplemente diferentes. La riqueza de España radica en su pluralidad, pero no la había tenido en cuenta adecuadamente en mi plan inicial. Hasta el momento, habíamos considerado únicamente el eje Barcelona-Madrid-Valencia, lo cual no funcionó adecuadamente. Así que hice una pausa de tres meses para reevaluar nuestro enfoque. Durante este tiempo, participé en el segundo Foro Iberoamericano de Desarrollo Organizacional, el congreso más grande del mundo en su campo, que reunió a más de 80 expertos de 18 países hispanohablantes. En el foro, recibí valiosas críticas que me hicieron darme cuenta de nuestros errores.

Desde mis empresas de consultoría, Fahrenheit Consultors y Acció Preventiva, siempre habíamos ayudado a las organizaciones a transformar su cultura, gestionándola desde las emociones, llegando al corazón de los empleados para generar cambios de actitud y mejorar habilidades. Lo hacíamos a través de la consulta, participación y el diálogo, no mediante la imposición. Sin embargo, en este caso, intentamos tomar atajos y no consideramos adecuadamente la diversidad regional.

En el foro, me di cuenta de que necesitábamos un enfoque más plural e internacional en la gestión del cambio en Europreven. Incorporé estos aprendizajes y contactos en nuestro plan de cambio organizacional, ampliando la perspectiva más allá de los representantes de Barcelona, Madrid y Valencia. Este ajuste fue fundamental para adaptarnos mejor a la pluralidad de España.

A pesar de las dificultades, mi participación en el Foro Iberoamericano de Desarrollo Organizacional en 2021 resultó ser un punto de inflexión. Aunque venía de un periodo de reflexión tras un fracaso significativo, fui reconocido como el mejor en desarrollo organizacional de ese año por votación popular. Esto me reafirmó en la importancia de la humildad y la reflexión para lograr cambios exitosos. Me otorgaron el premio, y pensaba: "¿Cómo es posible? Vengo de pelear, de pasarme tres meses de reflexión porque no he sido capaz de alcanzar el éxito." Son paradojas de la vida. Por eso, os dije que os contaría mis miserias.

Por ese motivo, abrí mi mente al resto de finalistas del premio y les pregunté lo que pensaban sobre mi idea de descentralizar la organización basada en el desarrollo del talento. Designé responsables de delegaciones y de la cadena de mando a personas con talento pero sin galones, impulsando su crecimiento personal y profesional. Aunque el proyecto parecía maravilloso en teoría, no estaba dando resultados. Entonces, con humildad, presenté el proyecto y pedí su opinión. Esa fue la clave del éxito: la humildad. Para innovar, decidí crear una metodología. Les mostré el proyecto y les propuse incorporarse al equipo de gestión del cambio de mi organización.

No solo quería desarrollar una metodología y un plan de acción para llevar a mi organización al éxito, sino que también les lancé un reto: si teníamos éxito, podríamos universalizarlo como una herramienta gratuita y fácil de aplicar para otras empresas que, aunque tuvieran la actitud, carecieran de recursos. Quería ofrecer un modelo a seguir adaptado a sus realidades y casuísticas, especialmente para impulsar el talento femenino hacia la excelencia empresarial. En mi afán de romper techos de cristal, les dije: "Solo podremos contribuir a hacer un mundo mejor rodeándonos de los mejores y uniendo nuestros esfuerzos por una causa justa". A tal efecto, algunos aceptaron el desafío: tres personas se sumaron al proyecto, mientras que dos, por razones válidas, decidieron que no era el momento adecuado para ellos. A pesar de eso, les encantaba la idea de crear una metodología universal que pudiera ayudar a las empresas con dificultades económicas a gestionar el cambio de su cultura organizacional sin costo alguno.

Tuve la suerte de conocer a Ivonne Vargas, una excepcional experta en recursos humanos y firme defensora del talento femenino en Centroamérica. Es mexicana y, para mí, una de las 10 grandes expertas en su campo. También conocí a Lidia Codinachs, directora y CEO de Women Evolution, quien se ofreció a colaborar con sus conocimientos e ideas, así como con su red de contactos. Además de Jaume Gurt, exdirector general de Infojobs y experto internacional de reconocida solvencia en felicidad en el trabajo, y Àngels Miró, ex directora general de Dekra y actual directora general de Persona Service, también se sumó al proyecto con su valiosa experiencia en recursos humanos, outplacement y outsourcing.

Finalmente, consideré esencial incluir a Guillem Pedragosa en este equipo de expertos. Guillem es el CEO de Igualia, la primera empresa en España dedicada a la igualdad desde hace más de 15 años, y un experto en igualdad, discriminación y diversidad. Con este equipo, nos propusimos construir una empresa basada en el talento, la inclusión y la no discriminación.

Nos reunimos y comenzamos a trabajar juntos. Aunque surcar estos mares era complicado debido a la pluralidad de ideas y enfoques de hombres y mujeres expertos, logramos construir un modelo en Europreven que ha sido clave para su éxito. Este modelo nos ha diferenciado de otros servicios de prevención ajenos y nos ha permitido ofrecer un potente recurso a todas aquellas empresas con dificultades económicas pero con una gran actitud hacia la gestión del cambio y la mejora de la competitividad.

Todos compartíamos la misma meta: sacar y desarrollar el potencial y el talento de cada persona, sin importar su origen o perspectiva. Este objetivo común nos unió y nos impulsó a trabajar con dedicación para lograr un cambio real y positivo en la organización. Este proyecto no se centra en sexo, religión, o condición; se centra en el talento, alineado profundamente con el objeto de este libro, "Liderazgo en Femenino".

El modelo que queríamos desarrollar constaba de varias fases.

Primero, todas las empresas que se sumen al proyecto de gestión del cambio gratuito deben comprometerse firmemente con la igualdad de oportunidades entre mujeres y hombres mediante la elaboración y aplicación de un plan específico. A partir de aquí, realizamos un análisis de la situación y definimos los objetivos y medidas correctoras a implementar durante un periodo no inferior a dos años, siempre de manera personalizada. En el ámbito de las personas, el objetivo es impulsar el liderazgo femenino. ¿Cómo lo hacemos? Desde el inicio del proyecto, partimos de la base de la diversidad: 50% hombres y 50% mujeres. Quien no esté dispuesto a jugar en esta liga no es elegible para nuestra ayuda incondicional. Y cuando hablamos de 50-50, nos referimos a todos los niveles de la organización, acompañando esta visión con un marco global para conseguir esta meta, trabajando desde la fase de reclutamiento.

La **segunda** fase se enfoca en tener un grupo preparado de mujeres con talento para incorporarse en posiciones abiertas, especialmente para llevarlas desde el inicio del aprendizaje hasta potencialmente llegar a la dirección general. Es decir, desde los niveles más bajos de la organización hasta los más altos, asegurando que conozcan toda la empresa.

La **tercera** fase es el avance. Cada persona puede diseñar su recorrido en la organización. En Europreven, cuando implantamos esto, nos encontramos con la sorpresa de que médicos y enfermeras querían progresar no solo hacia arriba, sino también lateralmente, pidiendo jornadas continuas para poder estudiar por las tardes. Algunos querían obtener títulos adicionales como el de Técnico de Prevención en Ergonomía o Psicosociología. Esta área permite a los profesionales incrementar su talento diseñando su plan de mejora continua, ya sea vertical u horizontal. Algunos médicos o técnicos nos solicitaron apoyo para realizar un MBA y así poder llegar a ser responsables de una delegación, combinando su conocimiento técnico con habilidades de gestión empresarial. Esto demuestra lo potente y flexible que puede ser este modelo.

A partir de aquí, la **cuarta** área de actuación se centró en la retención del talento, especialmente del talento femenino existente. Nos dimos cuenta de que perdíamos valiosas trabajadoras debido a la falta de flexibilidad horaria. Por ejemplo, algunas enfermeras preferían trabajar en clínicas con horario continuo en lugar de tener jornada partida, lo que les permitía conciliar mejor su vida personal y profesional. Perder este talento por rigidez era un error que no podíamos cometer. Retener a empleados talentosos es crucial, pues atraer y satisfacer a dicho talento implica un esfuerzo considerable. Así, implementamos medidas para asegurar un entorno de trabajo flexible y atractivo, que permitiera a nuestros empleados crecer personal y profesionalmente. Además, fomentamos el intercambio de conocimientos y recursos con otras empresas, organizando ponencias y talleres conjuntos para el enriquecimiento personal de nuestros trabajadores.

La **quinta** fase es la impartición de mucha formación, especialmente en igualdad y no discriminación.

La **sexta** fase es la revisión del lenguaje, especialmente en las ofertas de empleo, para atraer talento y por convicción, más allá del branding.

La **séptima** fase se centró en medidas que favorecieran la corresponsabilidad, como la "Escuela de Padres". Esta, es una idea innovadora de Ivonne Vargas, una de las 10 expertas mundiales en Gestión del Cambio Organizacional, ofrecía asesoramiento a padres y madres en conflictos y relaciones con sus hijos, contribuyendo al bienestar de nuestros empleados. Nos dimos cuenta de que muchos padres, tanto hombres como mujeres, no rendían al máximo en el trabajo debido a problemas familiares.

También, observamos que el absentismo aumentaba durante las vacaciones escolares, especialmente entre las mujeres, debido a los convencionalismos sociales. Para abordar esto, implementamos el programa "Días sin Cole" para anticiparnos y facilitar la vida de las familias, evitando excusas y problemas de absentismo relacionados con el cuidado de los hijos.

En la **octava** fase, establecimos una serie de medidas para favorecer la conciliación de la vida personal y profesional. Observamos tratos discriminatorios involuntarios, ya que, aunque éramos proactivos en conceder permisos a mujeres para llevar a sus hijos al médico, esto creaba un agravio comparativo con hombres y mujeres sin hijos.

La **novena** fase consistió en medir todo con KPIs, identificando y evaluando el desempeño de los mandos.

La **décima** fase fue premiar a aquellos que contribuyeron al crecimiento de su equipo. Establecimos un sistema de premios basado en tres criterios: reconocimiento público, económico y la posibilidad de escalar en la jerarquía de la organización.

Los premios incluyen:

1- Reconocimiento social: Se celebra con una comida u otro evento, tres veces al año.

2- Reconocimiento económico: Bonos que pueden incrementar el salario anual hasta en un 20%.

3- Oportunidad de ascenso: Aquellos que demuestran preocupación por su equipo y contribuyen a su crecimiento tienen más oportunidades de escalar en el organigrama.

Este enfoque asegura que quienes piensen en el éxito del equipo y en promover a los demás puedan progresar más fácilmente en la organización.

Quisimos aprovechar todo el potencial del conocimiento reunido por cinco expertos. Les pedí a los cuatro que me ayudaron en la gestión del cambio. Estábamos realmente satisfechos por haber desarrollado un método que pudiera ser universalmente aplicable, algo que contrastaba con nuestros fracasos anteriores y ver hasta dónde habíamos llegado, nos llenaba de orgullo. En un momento de exaltación, surgió algo sorprendentemente melancólico: una poesía que reflejaba nuestro viaje desde las dificultades hasta el éxito. Decía algo así como "la noche es larga y fría, el cielo es negro y gris, pero en la clara aurora del día, perro, ladrón o prostituta caminan con nosotros todo el camino." Fue una metáfora potente para describir la dureza del entorno empresarial con un tono poético inesperado y una idea inclusiva: todos podemos mejorar, progresar y avanzar, independientemente de los obstáculos que enfrentemos.

Este proyecto social, nacido en Europreven pero aplicable a todas las empresas, ayudó a contribuir a un mundo más justo, solidario y competitivo. A diferencia de otros métodos, se centra en utilizar nuestras capacidades y habilidades para poner nuestro conocimiento al servicio de un equipo de élite, colaborando para crear algo mejor y universal. Queríamos compartir nuestra experiencia y conocimiento para que otros también pudieran crecer, ofreciendo oportunidades incluso cuando ellos mismos no las veían. Es como decirles: "Yo creo en ti aunque tú no creas en ti mismo".

Por último, pero no menos importante, quiero destacar a las empresas que han destinado entre el 10% y el 20% de sus beneficios a esta noble causa. Empresas como Fahrenheit Consultors, Acción Preventiva, Igualia, con el impulso de Guillem Pedragosa, Persona Service, bajo la dirección de Àngels Miró, Zonajobs, gracias a la contribución de Ivonne Vargas, Women Evolution, liderada por Lidia Codinachs, y Jaume Gurt, quien ha hecho su aporte a título personal. Estas empresas no solo están haciendo una diferencia, sino que están demostrando que el verdadero éxito va más allá de los números, impactando positivamente en la sociedad y marcando el camino hacia un futuro más justo y solidario. ¡Su compromiso es una fuente de inspiración para todos!

CAPÍTULO 4
HOTEL NACIONAL DE CUBA

Pienses como pienses, vengas de donde vengas, bienvenido seas,
si tienes talento.

Luis Miguel Díaz Sánchez, director del Hotel
Nacional de Cuba

Mi relación con el Hotel Nacional de Cuba comenzó hace 27 años, cuando empecé a asesorar a cadenas hoteleras y al Gobierno cubano en la gestión del cambio transformacional en el sector turístico, un sector clave que representa entre el 67% y el 70% del PIB del país. Desde entonces, he sido testigo de la evolución y el impacto que este sector tiene en la economía cubana. Llegué a Cuba de la mano de la cadena Meliá, con la que ya trabajaba en España. En aquel entonces, Meliá organizaba anualmente el congreso de la división Caribe en Cuba: eran eventos que solían ser inaugurados o clausurados por el comandante en jefe, Fidel Castro, o el ministro de Turismo, Manuel Marrero.

En estos congresos tuve la oportunidad de conocerlos, lo que facilitó mi entrada al país. Gracias a ello, pude impartir conferencias en la Universidad de La Habana, en Formatur de la mano de su directora Miriam Rendón, y también para el Ministerio de Turismo (Mintur), inicialmente sin recibir pago alguno.

En este contexto, el Hotel Nacional de Cuba, siempre considerado el buque insignia del país, experimentó un punto de inflexión hace tres años.

Entre todos los casos de transformación organizacional en liderazgo en femenino en los que he trabajado, el que más me ha sorprendido, sin duda, ha sido el del Hotel Nacional de Cuba. Mi sorpresa se debe a dos aspectos concretos.

En primer lugar, cuando pensamos en Cuba, a menudo lo hacemos desde la óptica de un país tercermundista, donde se coartan las libertades y se gestiona desde la imposición, sin consulta, participación ni diálogo. En segundo lugar, el machismo arraigado en la cultura cubana hace que cualquier cambio en esta dirección sea especialmente significativo.

Bajo el liderazgo de Luis Miguel Díaz Sánchez, el Hotel Nacional de Cuba ha marcado un punto de inflexión, iluminando un camino a seguir para todas las empresas del sector de la hostelería y restauración que buscan ofrecer un servicio de cinco estrellas. Esta gestión del cambio, que ahora os voy a explicar, ha demostrado que incluso en contextos adversos, es posible implementar prácticas inclusivas y progresistas que transforman no solo una organización, sino también la percepción cultural y social de todo un país.

Luis Miguel Díaz Sánchez, ex viceministro de Turismo, asumió la dirección del Hotel Nacional de Cuba el 28 de octubre de 2020, tras el fallecimiento repentino de Antonio Martínez, quien dirigió el hotel por más de 20 años. Luis Miguel representa una nueva generación, con una visión holística y un enfoque 360 grados. Es un profesional con amplia experiencia en la dirección de organizaciones turísticas y un socializador nato. Su gran mensaje es: "Pienses como pienses, vengas de donde vengas, bienvenido seas, si tienes talento".

Luis Miguel es un ferviente defensor del empoderamiento femenino, la igualdad y la calidad de servicios. Su liderazgo se basa en la emoción, la escucha activa, la empatía, la consulta, la participación y el diálogo. Bajo su dirección, el hotel ha experimentado una revolución en su gestión y enfoque.

Antonio Martínez fue una gran persona y líder, a quien tuve la suerte de conocer y apreciar durante muchos años. Sin embargo, la llegada de Luis Miguel ha marcado una nueva era para el Hotel Nacional de Cuba.

Luis Miguel lideró una investigación para determinar quién tomaba las decisiones de compra al reservar hospedaje y servicios, tanto para vacaciones como para negocios. La investigación reveló que, en su mayoría, las mujeres eran las principales responsables de estas decisiones. Con esta información, Luis Miguel asumió la dirección del hotel y se enfocó en entender y satisfacer las prioridades de las mujeres, ya que ellas no solo deciden las compras, sino también consumen y evalúan los servicios hoteleros con un alto nivel de exigencia. La investigación también reveló que la mayoría de las reseñas en plataformas como LinkedIn, TripAdvisor y Facebook eran escritas por mujeres, lo que destacó la importancia de tener en cuenta su perspectiva, no solo como clientas, sino también como las principales recomendadoras del hotel. La estrategia de gestión del cambio de Luis Miguel se basa en tres aspectos derivados de la mayor exigencia de las mujeres para decidir la compra, certificar los servicios y recomendarlos. Estos aspectos son el ámbito de las personas, el mercado y la comunidad.

En cuanto al ámbito de las personas, el objetivo es avanzar en el liderazgo en femenino. Luis Miguel entendió que para conectar con quienes tienen el poder de decisión de compra, certificación y prescripción, necesitaba talento que pensara como las mujeres. No se trata solo de buscar mujeres, sino de buscar talento en femenino.

En el mercado, su gestión del cambio se centra en la mujer, progreso y empoderamiento. Finalmente, en la comunidad, el objetivo es que el Hotel Nacional de Cuba se convierta en un referente de igualdad en un país que no es muy igualitario. Lo que se logra en el Hotel

Nacional debe ser un modelo a seguir para todas las organizaciones del sector de hostelería y restauración, dejando una huella en el mundo.

Esta visión estratégica se acompaña de un marco global de iniciativas en varias áreas clave. Primero, en el reclutamiento se enfocó en formar un grupo sólido de mujeres talentosas para ocupar posiciones abiertas, especialmente en el comité de dirección, marcando así el primer gran objetivo. Este enfoque global, que incluye los tres ejes de acción mencionados previamente: personas, mercado y comunidad, comenzó con una acción inmediata en reclutamiento. Luis Miguel comprendió la importancia de tener un comité de dirección empoderado y diverso, con una visión holística de la igualdad, integrando talento tanto interno como externo para fortalecer su liderazgo.

Posteriormente, se centró en el desarrollo y empoderamiento del talento femenino en toda la organización, no solo para las posiciones actuales, sino también para futuras líderes potenciales. Este enfoque busca irradiar igualdad en todas las secciones del Hotel Nacional de Cuba, asegurando que las mujeres talentosas no se sientan en desventaja.

El tercer punto de esta estrategia de cambio es el avance. En el último año y medio, se ha incrementado significativamente la presencia de mujeres en todos los niveles de la organización, no limitándose al diseño inicial sino avanzando en la promoción y empoderamiento tanto del talento interno como externo.

Y, como cuarto y último punto, se enfoca en la retención del talento, un aspecto en el que particularmente destaca.

Luis Miguel ha puesto en marcha un Consejo de Liderazgo en Femenino con el objetivo de empoderar a las mujeres y asegurar que las iniciativas realmente se lleven a cabo. Este consejo está liderado por mujeres y cuenta con sistemas, procesos e indicadores que impulsan el cambio cultural dentro de la organización. Además, busca que todos, incluso los mandos intermedios más escépticos por las diferencias culturales, comprendan y respalden la importancia de estas iniciativas.

Paralelamente, Luis Miguel trabaja por fomentar una cultura de igualdad en el país a través de una iniciativa innovadora llamada "Mujer, Progreso y Empoderamiento". Para él, la diversidad no se limita solo al género; también incluye nuevas maneras de pensar, actuar y ser, alineadas con las realidades de los mercados donde opera.

Esta estrategia es clave, ya que los principales mercados del Hotel Nacional de Cuba, como Canadá, España, México y Alemania, valoran profundamente la igualdad y podrían rechazar cualquier práctica discriminatoria en un hotel de cinco estrellas.

Esta perspectiva lo ha llevado a promover una singularidad en la diversidad e incluso a avanzar hacia la inclusión. En su búsqueda de la excelencia, Luis Miguel ha demostrado la capacidad de reflexionar profundamente, alejándose de la perspectiva convencional, saliendo de su zona de confort y estableciendo puentes cruciales entre el mundo académico, empresarial y la sociedad. Esta habilidad para conectar estos ámbitos es para mí lo más destacado, aparte de sus logros individuales y su naturaleza innata de triunfador. No se limita a reclutar a expertos como yo, sino que también muestra un genuino interés en dejar un legado duradero. Por ejemplo, ha incorporado a Miriam Rendón, ex directora de Formatur, y a Zoe Nocedo Primo, presidenta de Amigas del Habano, a una comisión de expertos para generar ideas y explorar oportunidades de mejora continua.

Esta decisión es totalmente disruptiva en mi opinión, ya que demuestra su compromiso con el enriquecimiento constante de su producto, en línea con su lema recurrente: "Pienses como pienses, vengas como vengas, bienvenido seas". Luis Miguel, a pesar de su vasto conocimiento, muestra humildad al rodearse de diversas fuentes de conocimiento para mejorar continuamente su estrategia.

Este punto de mejora ha servido también para acercar al Hotel Nacional de Cuba y a sus trabajadores a la sociedad cubana. Antes, el hotel era visto como un éxito cubano para extranjeros. Ahora, este gran hotel, que siempre ha sido el buque insignia de Cuba, se ha transformado en un lugar mucho más social, humano e inclusivo con el pueblo cubano. Se han reforzado los tres principales valores del hotel: historia, cultura cubana y cubanía. A través de la gestión del conocimiento, conectando aspectos hoteleros, formativos y sociales, se ha logrado una transformación que también impacta a la sociedad.

En ese sentido, el Hotel Nacional de Cuba tiene como objetivo hacer de la diversidad y la inclusión sus pilares fundamentales. Se cree y se trabaja con pasión por estos valores, porque se reconoce que las mujeres son clave no solo para el éxito del cambio dentro de la empresa, que busca enamorar y retener a sus empleados, sino también para el crecimiento continuo del hotel y la economía de Cuba. Además, el hotel se compromete a hacer una verdadera diferencia en temas como la conciliación familiar y el empoderamiento de la mujer, contribuyendo activamente a estos cambios tan necesarios.

De tal manera, la conciliación laboral tiene dos grandes ventajas. Primero, mejora el rendimiento de la empresa, aumentando la facturación y el éxito empresarial. Segundo, beneficia a la sociedad en su conjunto. Por lo tanto, estas prácticas tienen una ambición y trascendencia social inherentes.

Otro aspecto que me llamó mucho la atención y que me dio mucho que pensar es que en el Hotel Nacional de Cuba, se cree firmemente en promover el empoderamiento de las mujeres mediante el aprendizaje de las mejores prácticas y la creación de redes de conexión entre ellas, valorando así, la solidaridad entre talentos femeninos, reconociendo que juntas son más fuertes.

Para concluir este caso, quiero resaltar que la iniciativa liderada por Luis Miguel Díaz Sánchez y el Hotel Nacional de Cuba es un ejemplo brillante de cómo se puede transformar una organización con una estrategia clara, respaldada por un marco de actuación con medidas, indicadores y acciones concretas. Gracias a este enfoque, se han logrado avances importantes en el liderazgo femenino dentro de la compañía, así como en la promoción de la igualdad y la inclusión en el país. El equipo que formamos, conocido como "los mosqueteros", refleja un cambio hacia una gestión colaborativa y diversa, integrando tanto promociones internas como nuevas contrataciones para fortalecer el equipo. Bajo el lema "uno para todos, todos para uno", seguimos trabajando unidos, sabiendo que el éxito llega cuando nos apoyamos mutuamente y compartimos un propósito común. ¡Juntos estamos construyendo un futuro más inclusivo y poderoso!

CAPÍTULO 5
REACTIVO PARA
DIAGNÓSTICO

*Los verdaderos líderes saben que el liderazgo no se trata de
ellos, sino de aquellos a quienes sirven. No se trata de exaltarse a
sí mismos, sino de levantar a los demás.*

Sheri L. Dew, autora

Para el último caso que voy a presentar, he elegido una
pequeña empresa para mostrar el valor de gestionar el
liderazgo en femenino en un entorno disruptivo. A menudo, el cambio de mentalidad organizacional se asocia
con grandes multinacionales o medianas empresas, como las que os he explicado anteriormente, pero quiero
demostrar que también es posible en una pequeña empresa catalana. Implementar un nuevo paradigma que
apueste por la igualdad y el talento en una empresa pequeña es un desafío considerable, especialmente en el
contexto de una empresa familiar, que es muy difícil de
transformar.

Para ilustrar este punto, quiero hablar de la pequeña empresa catalana llamada Reactivos para Diagnóstico SL, ubicada en Sentmenat, Barcelona. Esta empresa enfrentó un desafío significativo durante un relevo generacional. El nuevo líder, el hijo del fundador, decidió aprovechar la transición para cambiar el paradigma organizacional y fomentar la igualdad y el talento.

En lugar de simplemente reemplazar a su padre, le pidió que permaneciera en la empresa y lo ayudara a cambiar su mentalidad. Esto fue especialmente difícil, ya que su padre había liderado de una manera muy diferente durante toda su vida. La mayoría de las empresas optarían por separar completamente al antiguo líder debido a las diferencias generacionales y de mentalidad. Sin embargo, en este caso, se apostó por una colaboración intergeneracional, lo cual fue arriesgado por varias razones.

Primero, existía el riesgo de que el padre no se adaptara completamente al nuevo enfoque, lo que podría comprometer el proyecto del hijo. Segundo, aunque el padre no se retirara completamente, su presencia podría influir en los empleados que históricamente lo habían visto como una figura de autoridad. Esto podría haber socavado la autoridad del nuevo líder si los empleados seguían dando más peso a las opiniones del padre.

En resumen, esta situación fue una apuesta doblemente arriesgada, pero el nuevo relevo generacional demostró una valentía notable al intentar transformar una empresa familiar desde dentro, enfrentando y superando obstáculos significativos.

Esta empresa se dedica a la producción de medios de cultivo para microbiología, suplementos y aditivos para laboratorios de control de calidad, investigación y producción. Además, como segunda línea de negocio, diseña y construye equipos para la producción industrial de medios de cultivo preparados, desde llenadoras de placas y tubos hasta preparadores de medios. Con un equipo de 80 trabajadores, Reactivos para Diagnóstico SL ha demostrado ser un actor importante en su sector.

Hace tres años, tuve la oportunidad de conocer a Martí Asensi, el director comercial de la compañía e hijo del dueño. Martí destacaba en su cargo, era de ese tipo de personas que están dispuestas a viajar y vivir en el extranjero durante meses para aprender y mejorar si hacía falta. Era un hombre decidido y trabajador, siempre en la trinchera. Sin embargo, nunca imaginé que tuviera un espíritu tan revolucionario, capaz de darle un giro radical a la empresa.

Martí no solo implementó un nuevo estilo de liderazgo ganador, sino que también mejoró la competitividad y el branding de la organización. Su capacidad para transformar la empresa desde dentro me sorprendió gratamente, y por eso lo destaco como el ejemplo final en este libro.

Martí Asensi estudió en Estados Unidos, donde tuvo la oportunidad de absorber una visión más holística sobre la igualdad y la diversidad, características más arraigadas en los países anglosajones y nórdicos que en los mediterráneos o iberoamericanos, donde el machismo es más prevalente. En estos países, la igualdad se trabaja desde la base, siendo un aspecto cultural que se fomenta desde la infancia.

Aunque Martí no tuvo una formación específica en género, su educación en Estados Unidos le dio una perspectiva en la que el talento es valorado independientemente de su origen, género u orientación sexual. Esta influencia, combinada con su propia sensibilidad innata hacia la inclusión y la diversidad, lo convirtió en un líder con una mentalidad abierta y progresista.

Martí es un ejemplo de que los hombres también pueden ser líderes inclusivos y promover la igualdad tanto en grandes como en pequeñas empresas. Anteriormente, mencioné a Luis Miguel Díaz en el Hotel Nacional de Cuba, una empresa mediana en un país en desarrollo. Ahora, destaco a Martí en una pequeña empresa de 80 personas para subrayar que esto no se trata de género, sino de talento y capacidad para liderar de manera efectiva y equitativa.

En este contexto, Martí ha implementado un modelo de igualdad real en la organización, un modelo que parece sacado de un manual, pero que en realidad nace de su propia intuición y vocación. Observando, escuchando y preguntando, ha construido un modelo de gestión admirable basado en la simplicidad. Martí cree que complicar las cosas disminuye las probabilidades de éxito, por lo que su enfoque se centra en hacer las cosas lo más simple y claramente posible.

Aunque Martí cuenta con un plan de igualdad, lo que realmente diferencia su gestión es su voluntad de transformar la empresa para mejorar su competitividad a través de la igualdad de oportunidades. Esto es notable en una pequeña empresa, ya que generalmente se asocia este tipo de innovaciones con empresas medianas y grandes. Martí tiene muy clara la ventaja competitiva que supone gestionar desde la pluralidad, donde todos se enriquecen del talento de los demás. Esta visión es lo verdaderamente disruptivo de su proyecto.

Además, Martí ha tenido la valentía de impulsar este cambio a pesar de las posibles resistencias, incluida la de su propio padre, el fundador de la empresa, a quien ha decidido mantener involucrado en el negocio. Este relevo generacional y cambio cultural en Reactivos para Diagnóstico SL se basa en cinco palancas ganadoras.

En la primera, Martí se ha enfocado en generar una auténtica cultura de igualdad. Para él, esto no es solo un acto de cumplir con las normativas, sino un compromiso genuino con la transformación cultural de la empresa. Su objetivo ha sido cambiar la mentalidad de su equipo, educándolos y creando una cultura de trabajo orientada a objetivos y resultados.

Martí defiende la igualdad de oportunidades basándose en el desempeño y los resultados. Evalúa a sus empleados en función de sus logros y toma decisiones para la mejora continua, avanzando paso a paso y asegurando que tanto hombres como mujeres tengan las mismas oportunidades de éxito. Este enfoque educativo y progresivo le ha permitido construir una organización más competitiva y equitativa.

Como ejemplo de esto, establece un objetivo individual y otro colectivo, y se fija un plazo para alcanzarlos. Entre todos deciden los medios necesarios para lograr estos objetivos, asegurándose de que cada voz sea escuchada. Los resultados, tanto individuales como colectivos, son evaluados no solo por la Dirección General, sino también por los propios trabajadores, promoviendo una cultura de autoevaluación.

Cada persona, grupo y la dirección evalúan el cumplimiento de los objetivos, y en función de estos resultados, se otorgan estímulos y promociones internas. Este enfoque es muy competitivo y a la vez solidario, ya que el éxito es compartido por todo el grupo.

Frecuentemente, la competitividad en las empresas puede generar conflictos entre compañeros, pero en este caso, lo innovador es que se reconoce y recompensa el esfuerzo y la contribución al éxito colectivo, no solo el éxito en sí. Este enfoque novedoso promueve un ambiente de colaboración y apoyo mutuo, donde todos se benefician del talento y esfuerzo de cada miembro del equipo.

La segunda palanca clave para Martí fue el compromiso de toda la dirección. Ahora entenderéis por qué decidió que su padre no se jubilara del todo, alterando sus planes iniciales. El compromiso de toda la dirección no solo era fundamental, sino que también necesitaba la presencia del padre para garantizar la continuidad y legitimidad del proyecto. Martí sabía que, si su padre seguía involucrado, podría actuar como un mediador y un líder espiritual, resolviendo cualquier resistencia interna.

En lugar de eliminar al padre, Martí optó por tenerlo como aliado, valorando sus opiniones y trabajando para cambiar su mentalidad. Este enfoque le permitió ganarse el apoyo del comité de dirección, enfrentando los desafíos con astucia y diplomacia. Su estrategia fue inteligente: en lugar de deshacerse de su padre, lo incluyó en el proceso de cambio, utilizando su influencia para suavizar las asperezas y convencer al equipo de los beneficios de la diversidad de género.

Martí no buscaba simplemente crear procesos para cambiar comportamientos; su objetivo era transformar la compañía en su totalidad. No se trataba de aportar ayudas auxiliares, sino de modificar las estructuras, hábitos y elementos culturales de la organización para permitir un desarrollo profesional justo y basado en méritos reales para las mujeres.

Martí me comentó una vez: "No pretendo que me ayuden a convencerlos, sino ayudarme a cambiarles la mentalidad, ayudarme a educarlos". Y estamos hablando de cambiar la mentalidad de personas de 50 o 60 años, lo cual no es una tarea fácil.

Tras un año y medio de trabajo conjunto, todo el equipo de dirección está convencido de los beneficios de la diversidad de género, a pesar de tener miembros mayores con creencias arraigadas. Esto es un mérito significativo, ya que, en muchas empresas, las diferencias de opinión y la falta de consenso pueden obstaculizar el progreso. En Reactivos para Diagnóstico SL, la diversidad se ha convertido en una prioridad estratégica, un cambio clave para el negocio.

Martí logró integrar todas las medidas de mejora en una estrategia coherente, evitando que se quedaran en iniciativas aisladas. Su enfoque ha sido un "todos a una", sabiendo equilibrar la rapidez con la paciencia, sin apretar demasiado el acelerador. Muchas empresas y directivos con buenas ideas se han quedado en el olvido porque no supieron gestionar el tempo adecuado.

En resumen, como en cualquier pequeña empresa, aunque el comportamiento del CEO es indispensable, no es suficiente. El comité de dirección y todos los mandos deben compartir una visión homogénea y coherente. La clave del éxito de Reactivos para Diagnóstico SL es que el compromiso de la dirección está alineado con los valores de la diversidad, con la estrategia definida y con las tácticas y técnicas implantadas. Todo es coherente. El compromiso de todos los niveles directivos, combinado con una visión clara y una ejecución estratégica, ha permitido a la empresa no solo mejorar su competitividad, sino también convertirse en un modelo de igualdad y diversidad en el sector.

La tercera palanca del éxito es involucrar a todos los hombres para lograr la igualdad de género. Martí entendió desde el principio que no se pueden obtener beneficios de la diversidad sin contar con los hombres. Muchas empresas cometen el error de crear programas para mujeres sin involucrar a los hombres, pero en Reactivos, los hombres son fundamentales para la transformación.

En Reactivos, como en muchas empresas, los hombres eran la mayoría de los trabajadores y ocupaban la mayoría de los puestos de responsabilidad. Martí sabía que ningún programa tendría éxito sin la participación activa de los hombres y sin que estos se convirtieran en aliados convencidos de la necesidad y las ventajas del cambio. Su enfoque disruptivo demuestra que, para empoderar a la mujer, es esencial involucrar al hombre, educándolo para que comprenda y viva esta transformación como algo real.

La cuarta palanca del éxito se basa en la importancia que el líder del cambio le da al proyecto. En Reactivos para Diagnóstico SL, las iniciativas clave siempre habían sido lideradas por los ejecutivos de primer nivel, incluidas las de diversidad de género. El cambio actual es que Martí y todo el comité de dirección se comprometieron a liderar personalmente estas iniciativas, en lugar de delegarlas a un director de Recursos Humanos.

Este enfoque fue más lento, tardando un año y medio en cambiar la mentalidad y lograr cambios sustanciales, pero resultó en una base sólida. Todos en la empresa no solo estaban convencidos, sino también educados en la nueva cultura. Cuando le pregunté a Martí por qué no delegó el liderazgo del proyecto, me respondió que hacerlo habría restado importancia y convicción a la iniciativa. Liderar en primera persona y con todo el comité de dirección al unísono le dio la trascendencia necesaria, haciendo evidente que era un asunto estratégico y crucial para el negocio.

Martí creía que si el proyecto se hubiera dejado en manos del departamento de Recursos Humanos o de Diversidad, no habría tenido el mismo impacto.

La quinta palanca del éxito es que Martí lo gestionó todo a través de un proceso planificado y riguroso, pero simple. Un modelo fácil de entender y aplicar, adaptado a la realidad de la organización. En Reactivos para el Diagnóstico SL, cualquier iniciativa debía estar basada en un plan de acción detallado y comprensible.

Martí conjugó el arte de la simplicidad, un enfoque que recomendaría a cualquier empresa. El proyecto de diversidad se integró en tres pasos:

Diagnóstico: Martí y el equipo directivo definieron dónde estaba la empresa antes de comenzar. Invirtieron tiempo en entender la realidad del punto de partida, recopilando información cuantitativa y cualitativa.

Análisis Cuantitativo: Martí se enfocó en datos esenciales y estableció KPIs para medir la evolución en el tiempo, asegurando un seguimiento constante de los cambios.

Análisis Cualitativo: Inicialmente se hicieron encuestas anónimas, pero luego se complementaron con focus groups. Estos focus groups se realizaron de manera sesgada (hombres por un lado y mujeres por otro) y luego de manera mixta, permitiendo que ambos géneros comprendieran las perspectivas del otro. Esto fue crucial para contextualizar las respuestas y evitar malentendidos comunes en las encuestas.

El análisis cualitativo reveló percepciones sobre la cultura corporativa y las barreras existentes. Los focus groups mixtos permitieron que los empleados comprendieran mejor las experiencias y necesidades del otro género, fomentando una cultura de apoyo mutuo. Este enfoque educativo fortaleció la cohesión y entendimiento dentro de la organización.

Cuando se explicaron los cambios, se entendieron no solo el qué, sino también el cómo, cuándo, dónde y por qué. Esto fue clave para el éxito de Martí, ya que los empleados conocían mejor la cultura y las diferentes opiniones, lo que permitió diagnosticar bien la situación y establecer el camino adecuado para avanzar.

Además, se descubrió que algunos altos directivos no veían la diversidad como un tema de negocio, sino como una moda o un favor a las mujeres. Al comprender la ventaja competitiva que la diversidad podía proporcionar, su perspectiva cambió radicalmente. También se corrigió la idea errónea de que las mujeres abandonaban la alta dirección voluntariamente para cuidar a sus hijos, entendiendo que no era así.

En resumen, el éxito de Reactivos para el Diagnóstico SL radica en un enfoque planificado, simple y educativo, con un liderazgo comprometido y un diagnóstico preciso que permitió implementar cambios significativos y sostenibles.

He querido concluir los casos de éxito con el de Martí, un ejemplo de liderazgo en femenino que demuestra cómo rodearse de personas con valores y metas afines es crucial para el éxito. Martí entendió desde el principio que para liderar con eficacia, necesitaba un equipo que compartiera su visión. Seleccionó cuidadosamente a las personas que lo acompañarían en su misión, asegurándose de que todos estuvieran alineados con sus valores y objetivos. Este enfoque no solo permitió un liderazgo cohesivo y eficaz, sino que también facilitó un ambiente de apoyo mutuo, donde todos se ayudan, se aconsejan y se inspiran.

En resumen, el caso de Martí nos muestra que el verdadero éxito de un líder no se mide solo por sus habilidades individuales, sino por su capacidad para crear y mantener un equipo fuerte, unido y comprometido con una visión común. Este liderazgo colaborativo, basado en la confianza y el trabajo en equipo, es la clave para cualquier organización que busque alcanzar la excelencia. Cuando un líder sabe inspirar y empoderar a su equipo, no hay límites para lo que pueden lograr juntos. ¡El éxito es siempre más grande cuando se construye en equipo!

EPÍLOGO

Querido lector, a lo largo de este libro, hemos explorado el poder transformador del liderazgo en femenino, no como un concepto aislado, sino como una verdadera herramienta de cambio y progreso dentro de nuestras organizaciones.

He compartido contigo casos de empresas y líderes que, con valentía y visión, han logrado impulsar culturas inclusivas que valoran el talento por encima del género, y he mostrado cómo este enfoque no solo es posible, sino también necesario en el mundo empresarial actual.

Todos los casos de éxito explicados en este libro tienen un denominador en común: sus líderes se han reinventado a través del liderazgo inclusivo, con su enfoque innovador y valiente, y han demostrado que no importa el tamaño de la empresa ni la complejidad del contexto.

Cuando un líder tiene claro su propósito, sus valores y su compromiso con la igualdad, puede transformar cualquier entorno y abrir nuevas puertas hacia la competitividad y la excelencia.

Al mismo tiempo, he querido resaltar que el liderazgo en femenino no es solo una tarea de mujeres, sino de todos aquellos que, independientemente de su género, comprenden que el verdadero éxito de una organización radica en la inclusión, el respeto y el empoderamiento de cada miembro del equipo.

La participación activa de los hombres, como aliados de la transformación, es un pilar esencial para avanzar en la construcción de un entorno equitativo y sostenible.

Los ejemplos que he compartido no son meras historias de buenas intenciones. Se trata de relatos de transformación real, de líderes que, a través de un enfoque simple pero efectivo, han logrado crear empresas más ágiles, innovadoras y humanizadas.

Empresas que no solo se preocupan por el éxito financiero, sino también por el bienestar de sus equipos y por la igualdad de oportunidades.

Estos líderes nos demuestran que, al final, la capacidad de transformar está en nuestras manos y en nuestra disposición para pensar diferente, para desafiar lo establecido y para poner en práctica los valores que realmente importan.

Ahora, con estas herramientas en tu mente y en tu corazón, te dejo con una pregunta:

¿Tu empresa será una compañía en blanco y negro, donde las oportunidades están limitadas por prejuicios y barreras invisibles?

¿O será una compañía en color, abierta a la pluralidad, donde la igualdad es un motor de innovación y éxito?

El futuro está en tus manos, y el liderazgo en femenino es una de las claves más poderosas para alcanzarlo. La transformación está a tu alcance. Tan solo depende de ti dar el siguiente paso hacia un mundo laboral más inclusivo, equitativo y lleno de posibilidades para todos.

¡El futuro comienza hoy!

Vaya por delante todo mi agradecimiento por haberte embarcado en este fascinante y necesario viaje hacia el liderazgo inclusivo.